Billy Graham
Vom Segen der späten Jahre

Über den Autor

Billy Graham, der weltbekannte Autor, Prediger und Evangelist, hat das Evangelium mehr Menschen von Angesicht zu Angesicht verkündigt als irgendjemand sonst in der Geschichte. Er hat jeden Kontinent der Welt und über 185 Länder bereist. Seine bisher erschienenen Bücher sind mittlerweile Klassiker und insgesamt millionenfach verkauft worden.

BILLY GRAHAM

Vom Segen der späten Jahre

Übersetzt von Dagmar Schulzki

MIX
Papier aus verantwortungsvollen Quellen
FSC® C014496

Verlagsgruppe Random House FSC-DEU-0100
Das für dieses Buch verwendete FSC®-zertifizierte Papier
Munken Premium Cream liefert Arctic Paper Munkedals AB, Schweden.

Wenn nicht anders vermerkt wurde für Bibelzitate die Neues Leben Übersetzung verwendet: Neues Leben. Die Bibel © 2002 und 2006 SCM R.Brockhaus im SCM-Verlag GmbH & Co. KG, Witten

Revidierte Elberfelder Bibel (Rev. 26) © 1985/1991/2008 SCM R.Brockhaus im SCM-Verlag GmbH & Co. KG, Witten (ELB)

Bibeltext der Schlachter
Copyright © 2000 Genfer Bibelgesellschaft (SLT)

Die Bibel nach der Übersetzung Martin Luther in der revidierten Fassung von 1984. Durchgesehene Ausgabe in neuer Rechtschreibung.
© 1984 Deutsche Bibelgesellschaft, Stuttgart (LUT)

Einheitsübersetzung der Heiligen Schrift
© 1980 Katholische Bibelanstalt, Stuttgart (EÜ)

Bibeltext der Neuen Genfer Übersetzung –
Neues Testament und Psalmen
Copyright © 2011 Genfer Bibelgesellschaft (NGÜ)

Neue evangelistische Übersetzung
© 2011 Karl-Heinz Vanheiden, www.kh-vanheiden.de (NeÜ)

Hoffnung für alle,
© 1983, 1996, 2002 by Biblica Inc.™. Verwendet mit freundlicher Genehmigung des Brunnen Verlags. Alle weiteren Rechte weltweit vorbehalten. (Hfa)

Die englische Originalausgabe erschien im Verlag
Thomas Nelson Inc., Nashville, Tennessee unter dem Titel „Nearing Home".
© 2011 by William F. Graham Jr.
© der deutschen Ausgabe 2012 Gerth Medien GmbH, Asslar
in der Verlagsgruppe Random House, München

Best.-Nr. 816732
ISBN-13: 3-86591-732-4
1. Auflage 2012
Umschlaggestaltung: Immanuel Grapentin; Titelfoto: shutterstock
Satz: Daniel Eschner
Druck und Verarbeitung: GGP Media GmbH, Pößneck
Printed in Germany

Inhalt

Einleitung 7

Mit großen Schritten auf das Ziel zu 11
Ziehen Sie sich nicht aus dem Leben zurück 32
Die Kraft der Hoffnung 54
Die goldenen Jahre 79
Machen Sie Pläne trotz schwindender Kräfte 107
Die Bestimmung des Todes 137
Machen Sie Ihren Einfluss geltend 161
Ein Fundament mit Bestand 185
Starke Wurzeln 203
Damals und heute 228

Quellenverweise 254

Einleitung

Ich hätte nie geglaubt, dass ich so alt werde. Mein ganzes Leben wurde ich gelehrt, wie man als Christ stirbt, aber niemand hat mir je gesagt, wie ich in den Jahren vor meinem Tod leben soll. Ich wünschte, jemand hätte es getan, denn jetzt bin ich ein alter Mann und, glauben Sie mir, das ist nicht einfach.

Wer immer den Spruch „Das Alter ist nichts für Feiglinge" geprägt hat, hatte recht. Sobald mehrere ältere Menschen zusammenkommen, ist es nahezu unvermeidlich, dass sich ihr Gesprächsthema um ihre neuesten Leiden und Gebrechen dreht.

Ich werde bald meinen 93. Geburtstag feiern, und ich weiß, dass es nicht mehr lange dauern wird, bis Gott mich nach Hause in den Himmel ruft. Ich freue mich mehr denn je auf diesen Tag – nicht nur wegen der Wunder, die mich und alle anderen Christen im Himmel erwarten, sondern auch weil ich weiß, dass dann die Bedrückung und das Leid, die in diesem Abschnitt meines Lebens auf mir lasten, vorüber sein werden. Während des letzten Jahres haben die Begleiterscheinungen des hohen Alters ihren Tribut von mir gefordert. Ein weiterer Grund, mich auf diesen Tag zu freuen, ist die Gewissheit, dass ich dann mit meiner geliebten Frau und besten Freundin Ruth wieder vereint sein werde. Wir haben fast vierundsechzig Jahre unseres Lebens miteinander verbracht, bis sie 2007 zum Herrn ging, den sie so sehr liebte und dem sie stets treu diente. Obwohl ich sehr froh darüber bin, dass ihr Ringen mit Schwäche und Schmerzen vorüber ist, fühle ich mich immer noch, als sei eines meiner Körperteile amputiert worden. Ich vermisse sie weit mehr, als ich mir je hätte vorstellen können.

Nein, das Alter ist nichts für Feiglinge. Aber das müssen wir nicht einfach nur hinnehmen, und das hat Gott auch nicht so vorgesehen. In der Bibel werden die Probleme, die auf uns zukommen, wenn wir älter werden, zwar nicht beschönigt, aber gleichzeitig wird das hohe Alter keineswegs als eine trostlose, von Belastungen geprägte Zeit dargestellt, die wir mit zusammengebissenen Zähnen ertragen müssen (sofern wir noch Zähne haben). Ebenso wenig heißt es, dass wir in unseren späteren Jahren völlig nutzlos sind und keine andere Wahl mehr haben, als unsere Tage in endloser Langeweile oder mit bedeutungslosen Aktivitäten zu verbringen, bis Gott uns schließlich nach Hause holt.

Stattdessen heißt es in der Bibel, dass Gott einen Grund hat, uns noch im hohen Alter auf dieser Erde zu lassen. Wenn das nicht der Fall wäre, hätte er uns schon viel früher zu sich in den Himmel geholt. Aber wie lautet sein Plan für diese Jahre, und wie können wir unser Leben auf diesen Plan ausrichten? Wie können wir lernen, mit unseren Ängsten, unseren Beschwerden und den zunehmenden Einschränkungen zurechtzukommen und darüber hinaus inmitten all dieser Schwierigkeiten an innerer Stärke zu gewinnen? Wie können wir mit Hoffnung statt mit Verzweiflung in die Zukunft sehen? Das sind nur einige der Fragen, mit denen ich mich auseinandersetzen musste, als ich älter wurde, und vielleicht geht es Ihnen ebenso.

Dieses Buch wurde jedoch nicht nur für alte Menschen geschrieben. Es ist für Menschen auf jeder Stufe des Lebens – auch für diejenigen, die sich noch nicht viele Gedanken über das Älterwerden gemacht haben. Das hat einen einfachen Grund: Die beste Möglichkeit, mit den Herausforderungen des Alters zurechtzukommen, besteht darin, sich auf sie vorzubereiten, bevor sie sich stellen. Ich möchte Sie auf eine Entdeckungsreise einladen. Lassen Sie uns gemeinsam erforschen, was das Leben im Alter mit sich bringt – nicht nur seine Tücken, sondern auch die Hoffnung, die Erfüllung und die Freude, die wir empfinden können, wenn wir lernen, diese Jahre aus Gottes Blickwinkel zu betrachten und seine Stärke zu entdecken, die uns jeden Tag aufrecht erhält.

Eines Tages wird die Reise unseres Lebens vorüber sein. Auf gewisse Weise nähern wir alle uns diesem Ziel. Ich bete, dass Sie und ich lernen, was es bedeutet, älter zu werden, und dass es uns gelingt, diesen Abschnitt unseres Lebens mit Würde zu meistern. Wenn wir uns dabei auf Gottes Anleitung stützen, werden wir einen guten Zieleinlauf haben.

Mit großen Schritten auf das Ziel zu

*Lehre uns, unsere Zeit zu nutzen,
damit wir weise werden.*
Psalm 90,12

Bedenken Sie, dass Sie als treues Kind Gottes eine Beförderung zu erwarten haben.
Vance Havner

Was mich in meinem Leben am meisten überrascht hat, war die Tatsache, alt zu werden. Die Jungen leben für das Hier und Jetzt. Wenn sie sich überhaupt Gedanken über ihre Zukunft machen, beschränken sich diese oft auf Träume, die allesamt ein märchenhaftes Ende nehmen. Obwohl ich mittlerweile fast 93 Jahre alt bin, scheint es mir noch nicht lange her zu sein, dass auch ich einer von diesen Träumern war. Ich hegte große Erwartungen und sah eine Zukunft vor mir, in der sich alle meine Wünsche erfüllen würden. Da es in meinem Leben nur wenig gab, das ich mehr liebte als Baseball, widmete ich mich als junger Mann ganz dem Sport und hoffte, dass mich meine Leidenschaft für dieses Spiel direkt in die Spitzenliga führen würde. Ich hatte nur ein simples Ziel: Ich wollte mit einem Schläger in der Hand auf dem Spielfeld stehen und an einem wichtigen Spiel teilnehmen. Ich stellte mir oft vor, wie ich den Ball mit einem rekordverdächtigen Schlag mitten in die

Stadionränge beförderte und, begleitet von dem tobenden Gebrüll der Menge, um die *Bases* (die Male auf dem Rand des Spielfeldes) lief – auf das Ziel zu.

Ich hätte mir nie träumen lassen, was mich erwartete. Nachdem ich mein Leben Jesus Christus anvertraut hatte und von da an entsprechend seines Willens leben wollte, warf ich meine Träume zusammen mit meinem Baseballschläger über Bord und ließ mich voller Glauben ganz auf Gottes Pläne ein. Ich vertraute darauf, dass er mich auf meinem Weg anleiten würde. Er tat es, er tut es noch und wird es immer tun.

Wenn ich heute zurückblicke, erkenne ich, wie Gott mich geführt hat. Ich spüre, dass mich sein Heiliger Geist noch immer begleitet, und das Wissen, dass er mich auch während meines letzten Lebensabschnitts bis zu meiner Heimkehr nicht verlassen wird, ist mir ein großer Trost. Wenn ich daraus keine Hoffnung schöpfen kann, gibt es gar keine Hoffnung für mich.

Ein Mitstreiter für Gott

Obwohl ich kein Profi geworden bin, bin ich doch ein Baseballfan geblieben, wobei sich meine Begeisterung weniger auf ein bestimmtes Team konzentriert als vielmehr auf das Spiel an sich: das Teamwork, die strategische Spielführung und die Herausforderung, den Gegner zu schlagen. Baseball war kein Bestandteil des Plans, den Gott für mich hatte. Dennoch zeigte er mir, wie ich die grundlegenden Elemente dieses Spiels in meinen Dienst für ihn einbinden konnte.

Gott hat mich mit einem Team treuer Männer und Frauen gesegnet, die denselben Wunsch im Herzen tragen wie ich: die Menschen zu Christus zu führen, damit sie die Ewigkeit mit ihm verbringen können. Unsere Teamstrategie besteht darin, das Gebot Gottes zu erfüllen und den Menschen auf der ganzen Welt von Christus zu erzählen.

Als ich meinen Dienst begann, lag es nie in meiner Absicht, in einem Baseballstadion oder einer ähnlichen Örtlichkeit zu predigen. Ich war es gewohnt, in den Gemeinden zu predigen, die ich als Pastor besuchte, oder in den dafür bereitgestellten Sälen, wenn ich mit *Youth For Christ* (kurz: YFC, dt. *Jugend für Christus*) auf Reisen war. Bei Kriegsende im Jahr 1945 aber hatten einige aus unserem YFC-Team das Vorrecht, im *Soldier-Field-Stadion* in Chicago zu predigen.

Auch wenn ich die näheren Einzelheiten nicht mehr vor Augen habe, erinnere ich mich noch gut daran, wie ich das Evangelium zum ersten Mal unter freiem Himmel verkündete. Ich war eingeladen worden, in Shreveport, Louisiana, eine evangelistische Veranstaltung abzuhalten. Wie sich jedoch herausstellte, reichten die vorgesehenen Räumlichkeiten für die Menge der zu erwartenden Teilnehmer nicht aus, sodass die Veranstalter keine andere Wahl hatten, als das Ereignis nach draußen zu verlegen. Da ich nicht wusste, wie die Menschen es aufnehmen würden, dass eine evangelistische Veranstaltung in einem Stadion stattfand, war ich ziemlich nervös. Doch dann dachte ich an die Träume aus meiner Jugend. Statt mit einem Baseballschläger in der Hand auf einem Spielfeld zu stehen, genoss ich jetzt ein, wie ich heute weiß, weit größeres Vorrecht: Ich stand mit der Bibel in der Hand hinter einem Rednerpult und war mit der Kraft des Heiligen Geistes erfüllt. Ich befand mich nicht auf dem Spielfeld, um vor den Fans, die sich auf den überdachten Tribünen drängten, sportliche Leistungen zu erbringen. Stattdessen durfte ich Menschen, die noch auf der Suche nach dem richtigen Weg und der Wahrheit waren, das Wort Gottes verkünden.

Das Leben ist voller Überraschungen.

Heute, all diese Jahre später, habe ich immer noch Freude daran zuzusehen, wie ein Schlagmann erfolgreich das Spielfeld umrundet. Aber nichts begeistert mich mehr als zu beobachten, wie der Heilige Geist die Menschen verändert, wenn das Evangelium in die ganze Welt hinausgetragen wird. Ein Baseball mag in die hinterste Ecke des größten Stadions abdriften, aber das Wort Gottes gelangt bis in die entlegensten Winkel der Erde und bringt den Menschen die gute Nachricht der Erlösung. Ich bin immer noch begeistert, wenn ich darüber nachdenke, welche Auswirkungen das hat.

Jesus Christus hat den Tod überwunden, und durch seine Auferstehung trug er den Sieg davon. Bevor er die Erde verließ, erteilte er seinen Jüngern den größten Auftrag aller Zeiten: „Geht hinaus in die Welt und verkündigt das Evangelium." Nachdem er diese Worte gesprochen hatte, sahen sie, wie ihr Erlöser den Weg in sein letztes Zuhause antrat.

Auf welches Zuhause bereiten Sie sich vor? Manche Menschen verbringen ihr ganzes Leben damit, ihr Traumhaus zu bauen, in dem sie dann ihren

Lebensabend genießen können. Andere plündern ihr Bankkonto, um ihre letzten Jahre in einer Anlage für betreutes Wohnen zu verbringen. Wieder andere sind in ihren letzten Tagen auf die Unterbringung in einem Pflegeheim angewiesen. Aber allen von Ihnen, die Jesus noch nicht kennen, möchte ich sagen: Die Wahl Ihres ewigen Heims ist die wichtigste Entscheidung, die Sie je treffen werden. Für einen Christen ist der letzte Abschnitt seines Weges ein Beweis für Gottes Treue, denn Jesus sagte: „… ich gehe voraus, um euch einen Platz vorzubereiten" (Johannes 14,2).

Ganz gleich wo Sie am Abend Ihren Kopf niederlegen, hoffe ich, dass sich Ihre Gedanken um Ihr letztes Zuhause drehen. Auf diese Gedanken möchte ich auf den folgenden Seiten etwas näher eingehen.

Jemand sagte einmal: „Das Geschenk des hohen Alters ist die Erinnerung." Obwohl ich mich den größten Teil meines Lebens einschränken musste, begeistert mich das Leben noch immer, wenn ich sehe, wie Gottes Hand wirkt – nicht nur in meinem Leben, sondern auch in dem meiner Mitmenschen und der Menschen auf der ganzen Welt. In den letzten paar Jahren durfte ich erleben, was für ein Geschenk es ist, mein Leben im Rückblick zu betrachten und mich an vergangene Zeiten und Ereignisse zurückzuerinnern. Für manche mag sich das abschreckend anhören, aber Erinnerungen sind biblisch:

Erinnert euch an den ganzen Weg, den der Herr, euer Gott, euch … führte.
5. Mose 8,2

Denke nun daran ... und bewahre es ...
Offenbarung 3,3; ELB

... ihr sollt an alle meine Gebote denken und sie tun ...
4. Mose 15,40; LUT

Denkt an das Wort ... des Herrn.
Josua 1,13; NKJV (aus dem Amerikanischen übersetzt)

Denkt an seine mächtigen Taten, an seine Wunder ...
1. Chronik 16,12

Diese Erinnerungen sind es wert, sie sich immer wieder ins Gedächtnis zu rufen.

Ich höre oft, wie Menschen, die jünger sind als ich, von ihren schlaflosen Nächten berichten. Auch ich habe Nächte, in denen ich keinen Schlaf finde. Dann denke ich an die wunderbaren Werke, die Gott getan hat, und rufe mir in Erinnerung, was der Psalmist so poetisch formuliert hat:

Wenn ich in der Nacht wach liege,
denke ich über dich nach,
die ganze Nacht denke ich nur an dich.
Ich denke daran, wie sehr du mir geholfen hast;
ich juble vor Freude, beschützt im Schatten deiner
Flügel. Ich halte mich nah zu dir,
denn deine rechte Hand hält mich sicher.
Psalm 63,7-9

Über ihn nachzudenken, kann uns großen Trost spenden – auch uns älteren Menschen.

Gott sagt uns jedoch nicht nur, woran wir uns erinnern sollen. In der Bibel lesen wir auch, woran er selbst sich erinnert und woran er sich bewusst *nicht* erinnert. Da heißt es: „… er denkt daran, dass wir nur Staub sind" (Psalm 103,14), und zu denjenigen, die sich zur Umkehr entschlossen haben, sagt er: „Und ich will ihnen ihre Sünden vergeben und nicht mehr an ihre bösen Taten denken" (Jeremia 31,34). Ich bin sehr froh, dass ich mich an dieses Versprechen erinnern kann. Weil ich zu ihm umgekehrt bin, hat Gott meine Fehler vergessen. Das gewährt uns einen kurzen Blick auf die Herzenshaltung unseres Retters.

Im Alten Testament finden wir unzählige derartige Erinnerungen. Hier heißt es sogar: „Denkt an das, was früher galt, in uralten Zeiten …" (Jesaja 46,9; EU). In unserer heutigen Gesellschaft mag das Wort „alt" verpönt sein, aber dennoch sind junge Leute bereit, für Jeans, die „alt" aussehen, ein kleines Vermögen zu bezahlen. Sammler zahlen Höchstpreise für Antiquitäten, weil sie alt sind. Andere kaufen alte Autos, restaurieren sie und fahren dann stolz mit ihrem Oldtimer durch die Gegend.

Die Zeit, in der zu den Alten aufgesehen wurde, in der man sie bewunderte und respektierte, ist vorüber. In meiner Kindheit wurde ich zwar gelehrt, zu älteren Menschen aufzublicken, aber ich kannte nur wenige, die ich wirklich für alt hielt. Abgesehen von einer Großmutter, die starb, während ich auf der Grundschule war, kannte ich meine Großeltern kaum.

Deshalb hatte ich wenig Gelegenheit, enge Verwandte zu beobachten, die in ihrem Alter bereits weit fortgeschritten waren. Die wahrscheinlich älteste Person in unserer Familie, die ich regelmäßig sah, war ein Onkel, der sonntags oft zum Mittagessen zu uns kam. Ich erinnere mich noch, dass er Hausmeister im Bezirksgericht in *Charlotte* war. Ich freute mich immer auf seine Besuche, weil er meistens interessante Geschichten über die Lokalpolitik und die Ereignisse rund um das Bezirksgericht zu erzählen hatte. Für meine Begriffe war er alt, obwohl er kaum älter gewesen sein kann als sechzig. Aber wenn mich jemand gefragt hätte, ob ich glaubte, einmal so alt zu werden wie mein Onkel, hätte ich vermutlich gesagt: „Auf keinen Fall."

Soweit ich weiß, wurden nur wenige Mitglieder meiner Verwandtschaft älter als Anfang siebzig. Mein Vater starb im Alter von vierundsiebzig Jahren, nachdem er mehrere Schlaganfälle erlitten hatte. Nach unserer Marathon-Evangelisation in *New York City* im Jahr 1957, wo wir sechzehn Wochen lang eine Veranstaltung nach der anderen abhielten, war ich körperlich völlig erschöpft und sagte einigen meiner Mitarbeiter, dass ich aufgrund der hohen Anforderungen unserer Arbeit nicht erwartete, älter zu werden als fünfzig (zu dieser Zeit war ich achtunddreißig). Wiederholt auftretende körperliche Probleme in den darauf folgenden Jahren, die teils geringer, teils aber auch ernsterer Natur waren, ließen mich ebenfalls daran zweifeln, dass ich eine normale Lebenserwartung hatte. Die Probleme, die in meinen mittleren Jahren hinzukamen, schienen meine Theorie nur noch zu unterstützen.

Aber Gott hatte in seiner Güte andere Pläne für mich. Ich bin mir nicht ganz sicher, wann genau es passierte, aber im Lauf der Jahre dämmerte mir allmählich, dass ich älter wurde. Wie ich mir eingestehen musste, rückten meine mittleren Jahre in immer weitere Ferne und ich näherte mich in großen Schritten den, wie wir sie so taktvoll umschreiben, „reiferen Jahren". Es gab immer wieder Situationen, in denen sich mein Alter bemerkbar machte. Manche von ihnen waren recht lustig, andere eher peinlich, wie beispielsweise wenn mir der Name eines guten Freundes nicht mehr einfiel. Wenn ich in ein Flugzeug stieg oder durch die Straßen ging, musste ich mir widerwillig eingestehen, dass die meisten Menschen, denen ich dort begegnete, sehr jung aussahen, und in Restaurants gewährte man mir den Seniorenrabatt, ohne mich vorher zu fragen, ob ich das dafür erforderliche Alter bereits erreicht hätte.

Aber das Älterwerden hatte auch größere, schwerwiegendere Auswirkungen – das langsame, aber unaufhaltsame Nachlassen meiner Energie, Krankheiten, die leicht zur Invalidität oder sogar zum Tod hätten führen können, das offenkundige Altern sowie der Tod von Menschen, die ich schon fast mein ganzes Leben kannte, und nicht zuletzt das jahrelange tapfere, aber kräftezehrende Ringen meiner Frau Ruth mit ihrer Krankheit, in deren Verlauf sie immer zerbrechlicher wurde.

Plötzlich konnte ich die Geschichten, die ich über andere hörte, nachvollziehen.

So sagte einmal ein Arzt zu einem meiner Mitarbeiter: „Die meisten meiner Patienten in der Lebensmitte leben in ständiger Verleugnung ihres Alters. Sie glauben, dass sie immer in der Lage sein werden, anstrengende Sportarten zu betreiben, überall hinzureisen, wohin sie wollen, oder weiterhin zwölf Stunden am Tag zu arbeiten. Und wenn es irgendein Problem gibt, verlassen sie sich darauf, dass ich es schon lösen werde. Aber eines Tages werden sie aufwachen und feststellen, dass sie nicht mehr alles tun können, was sie einmal getan haben. Eines Tages werden sie alt sein, und das wird ihnen nicht gefallen, weil sie emotional nicht darauf vorbereitet sind."

Auch ich kann nicht ehrlich von mir sagen, dass es mir gefällt, alt geworden zu sein. Manchmal wünsche ich mir, ich könnte noch alles tun, was ich früher getan habe. Ich wünschte, ich hätte nicht mit all den Gebrechen und Unsicherheiten zu kämpfen, die ein Teil dieser Stufe des Lebens zu sein scheinen. In den vergangenen Jahren habe ich des Öfteren mit einem Augenzwinkern zu anderen gesagt: „Du wirst doch nicht etwa alt werden!" Aber natürlich haben wir in dieser Hinsicht keine Wahl. Das Alter ist unvermeidbar, wenn wir lange genug leben. Und das Alter hat definitiv seine Schattenseiten. Etwas anderes zu behaupten, wäre schlichtweg nicht wahr.

In der Bibel werden die negativen Seiten des Älterwerdens nicht verheimlicht, und wir sollten das ebenso wenig tun. Eine der poetischsten und zugleich offenherzigsten Beschreibungen der Gebrechen des Alters finden wir im Buch Prediger im Alten Testament. Nachdem der Verfasser ausführlich erklärt hat, wie nutzlos ein Leben ohne Gott ist, drängt er seine

Leser, ihm ihr Leben anzuvertrauen, solange sie noch jung sind. Warum? Nun, abgesehen davon, dass Gott dann bereits in ihrer Jugend die Möglichkeit hat, ihnen Freude zu schenken, laufen sie auch Gefahr, dass sie Gottes gute Gaben vielleicht nicht mehr genießen können, wenn sie es zu lange hinauszögern. „Wendet euch jetzt Gott zu", drängt er …

… ehe die bösen Tage kommen
und die Jahre herannahen, von denen du sagen wirst:
‚Sie gefallen mir nicht';
ehe die Sonne und das Licht,
der Mond und die Sterne sich verfinstern
und die Wolken nach dem Regen wiederkehren;
zu der Zeit, wenn die Hüter des Hauses zittern
und die Starken sich krümmen
und die Müllerinnen aufhören zu arbeiten, weil sie zu
wenige geworden sind,
und wenn trübe werden, die aus dem Fenster schauen
… und das Klappern der Mühle leiser wird …
wenn man sich auch vor jeder Anhöhe fürchtet
und Schrecknisse auf dem Weg sieht …
Prediger 12,1-5; SLT

Diesen poetischen Worten liegt die Realität zugrunde – der Tribut, den das Alter von unserem Sinn und unserem Körper fordert: nachlassende Kräfte, Träume, die wir nicht mehr verwirklichen können, zitternde Hände, arthritische Gelenke, Vergesslichkeit, Schwerhörigkeit, Einsamkeit, die Furcht vor zunehmender Zerbrechlichkeit … die Liste scheint fast endlos zu sein. Von einem tiefen Seufzer begleitet, sagte vor Kurzem ein Freund zu mir: „Nichts funktioniert mehr richtig", und ich kann es ihm nachfühlen. Aber ist das alles, was das Alter ausmacht? Ist das hohe Alter nichts als eine grausame Last, die im Lauf der Jahre immer schwerer wird? Hält es nichts mehr für uns bereit, auf das wir uns freuen können, außer dem Tod? Oder gibt es da vielleicht doch noch mehr?

Würdevolles Altern

Auch wenn Sie mit der Bibel vertraut sind, ist Ihnen der Name Barsillai aus dem Alten Testament vielleicht nicht wirklich ein Begriff. Dieser Mann wird nur in etwa einem Dutzend Verse erwähnt (2. Samuel 17,27-29; 19,32-39). Er war achtzig Jahre alt, und niemand hätte ihn verurteilt, wenn er die Verantwortung, die er sein ganzes Leben lang getragen hatte, in seinen letzten Tagen an andere weitergegeben hätte. Aber das tat er nicht.

Gegen Ende seiner Regierungszeit musste König David aufgrund einer Revolte, die von seinem rebellischen und arroganten Sohn Absalom angeführt wurde, um sein Leben fürchten und war gezwungen zu fliehen. Seine verzweifelte Flucht führte ihn nach Osten in die Wüstenregion jenseits des Jordan. Erschöpft und mit einem kläglichen Rest an Nahrungsmitteln erreichten er und seine treuen Diener schließlich ein abgelegenes Dorf namens Mahanajim. Obwohl er damit ein großes Opfer brachte und darüber hinaus sein

Leben aufs Spiel setzte, gewährte Barsillai David und seinen Männern Unterschlupf und gab ihnen zu essen. Ohne Barsillais Unterstützung wären David und seine Männer möglicherweise umgekommen.

Nachdem Absalom getötet und die Revolte niedergeschlagen worden war, lud David Barsillai aus Dankbarkeit für seine Gastfreundschaft ein, mit ihm und der Armee nach Jerusalem zurückzukehren und versprach ihm, für den Rest seines Lebens für ihn zu sorgen. Stellen Sie sich das einmal vor: Er wurde eingeladen, seinen Lebensabend höchst komfortabel im königlichen Palast zu verbringen – als Freund des Königs!

Aber Barsillai lehnte ab. Er war nicht mehr bereit, sich auf eine derart drastische Veränderung in seinem Leben einzulassen: „,Nein' antwortete dieser, ,ich bin viel zu alt, um mit dem König nach Jerusalem zu gehen. Ich bin jetzt 80 Jahre alt und kann nicht mehr unterscheiden, was gut ist und was nicht. Was ich esse und trinke, kann ich nicht mehr schmecken, und ich kann die Stimmen der Sänger und Sängerinnen nicht mehr hören'" (2. Samuel 19,35-36). Alt, kraftlos und taub, wie er war, stellte sogar die Aussicht, bei dem König in Jerusalem zu leben, keinen Reiz mehr für ihn dar. Zehn Jahre früher hätte er eine solche Gelegenheit zweifellos ohne zu zögern beim Schopf ergriffen. Das Alter hatte seinen Tribut gefordert.

Warum wird nun in der Bibel von diesem kurzen Ereignis aus dem Leben eines unbekannten alten Mannes berichtet? Dies dient nicht nur dem Zweck, uns daran zu erinnern, welchen Verfall das Alter mit sich bringt oder wie kurz das Leben ist. Nein, dieser Zwischenfall soll uns auf eine bedeutende Tatsache aufmerksam machen: Barsillais größter Dienst für Gott und sein Volk – diese eine Tat in seinem Leben, die es wert war, in der Bibel verewigt zu werden – vollbrachte er als alter Mann.

Als König David und seine Männer sich näherten, hätte sich Barsillai leicht sagen können: „Ich bin zu alt, um mich in so etwas hineinziehen zu lassen. Sollen doch die jüngeren Männer ihnen helfen, wenn sie wollen. Sie sind noch voller Kraft und Energie. Außerdem wäre ich ein Dummkopf, wenn ich das, was ich für meinen Lebensabend gespart habe, jetzt dafür verwende, König David und seinen Männern zu helfen. Absalom könnte uns angreifen und unser Dorf plündern, wenn wir David helfen. Warum, Bruder? Warum sollte ich dieses Risiko eingehen? In meinem Alter habe ich genug, um das ich mich sorgen muss."

Aber stattdessen setzte Barsillai sich für den belagerten König ein und organisierte Hilfe für ihn. In der Bibel heißt es, Barsillai und seine Freunde brachten David und seinen Leuten „Schlafmatten, Töpfe, Schalen, Weizen, Gerste, Mehl, geröstetes Korn, Bohnen, Linsen sowie Honig, Butter, Schafe und Käse" zu essen (2. Samuel 17,28-29). Stellen Sie sich nur einmal vor, welcher Organisationsaufwand und welches Opfer dafür nötig waren!

Barsillai sah eine Not, und trotz seines hohen Alters und seiner Gebrechlichkeit tat er alles, was er konnte, um diese Not zu lindern. Wenn er alles vermasselt oder sich geweigert hätte, ihnen zu helfen, wären David und seine Männer wahrscheinlich in der ungastlichen

Wüste jenseits des Toten Meers umgekommen – und die Geschichte von Gottes Volk wäre von da an völlig anders verlaufen. Aber Barsillai versagte nicht und das Leben von König David wurde gerettet.

Der Punkt ist: Als alter Mann konnte Barsillai zwar nicht mehr alles tun, was er einst getan hatte, aber er tat, was er konnte, und Gott gebrauchte seinen Einsatz. Dasselbe kann auch für uns gelten, wenn wir älter werden.

So viele Zeugen

Barsillai ist nicht der einzige Mensch in der Bibel, der seine bedeutendste Tat in seinen späteren Jahren vollbrachte. Tatsächlich finden sich in der Bibel unzählige Beispiele für Männer und Frauen, die Gott erst sehr spät in ihrem Leben gebrauchte, aber dann oft mit großen Auswirkungen.

In den Jahrhunderten vor Noah und der Sintflut, heißt es in der Bibel, schenkte Gott seinen Dienern ein langes Leben. Adam lebte 930 Jahre, Metuschelach – der älteste Mensch in der Bibel und der Großvater Noahs – starb im Alter von 969 Jahren. Sein ganzes Leben lang war Metuschelachs Vater Henoch seinem Sohn ein großes Vorbild dafür gewesen, was es bedeutete, eine enge Beziehung zu Gott zu haben. In der Bibel heißt es: „Henoch wurde 365 Jahre alt. Auf einmal war er nicht mehr da, denn Gott hatte ihn zu sich geholt, weil er in enger Gemeinschaft mit ihm gelebt hatte" (1. Mose 5,23-24).

Henochs Vorbild beeinflusste nicht nur seinen Sohn, sondern auch dessen Nachkommen noch lange nach seinem Tod. In der Bibel finden sich wenig beeindruckendere Beispiele für den Glauben als Henochs Enkel Noah. Er lebte in einer Generation, die Gott verspottete und allen vorstellbaren Sünden frönte, aber in der Bibel lesen wir: „Noah war ein Gerechter, der einzige fehlerlose Mensch, der damals auf der Erde lebte. Er lebte in enger Gemeinschaft mit Gott" (1. Mose 6,9). Als Gott ihm auftrug, seine Arche zu bauen, war Noah über 500 Jahre alt.

Nach der Sintflut, durch die Gott die rebellische Welt richtete und die Voraussetzungen dafür schuf, dass das Leben neu beginnen konnte, erwählte Gott sich einen anderen alten Mann, Abram (oder Abraham, wie er später genannt wurde), um seine Zwecke weiterzuverfolgen. Abram wurde von Gott dazu auserwählt, die Nation zu gründen, aus welcher der Messias, der Retter der Menschheit, hervorgehen würde. Abram war 75 Jahre alt, als Gott ihn berief, aber erst als er 100 war, wurde sein Sohn Isaak geboren, „... obwohl er schon sehr alt war, genau zu der Zeit, die Gott vorausgesagt hatte" (1. Mose 21,2).

In der Bibel finden sich noch viele andere, die in ihren späteren Jahren von Gott gebraucht wurden – Männer und Frauen, die sich von ihrem hohen Alter nicht davon abhalten ließen, zu tun, was Gott ihnen sagte. Mose war achtzig, als Gott ihm auftrug, die Wüste Sinai zu verlassen, nach Ägypten zurückzukehren und das jüdische Volk aus der Sklaverei zu führen. Er blieb ihr Anführer bis zu seinem Tod vierzig Jahre später. Josua, sein Nachfolger, war um die achtzig, als Gott ihm die Verantwortung übertrug, das Volk in das verheißene Land zu führen, und er diente ihm auch danach noch, bis er im Alter von 110 Jahren starb. Jeremia war noch ein junger Mann, als Gott ihn zum Propheten bestimmte, und trotz großen Widerstands und vieler Kriege blieb er seiner Berufung treu bis zu seinem Tod (wahrscheinlich in den Neunzigern).

Auch im Neuen Testament gibt es zahlreiche Beispiele für Männer und Frauen, die im hohen Alter von Gott gebraucht wurden. Als Gott Zacharias sagte, dass seine Frau Elisabeth Johannes den Täufer gebären würde, den Wegbereiter des Messias, konnte er es zuerst nicht glauben. Er sagte: „Ich bin jetzt ein alter Mann, und auch meine Frau ist schon in fortgeschrittenem Alter" (Lukas 1,18). Aber ungeachtet seiner Zweifel, gebrauchte Gott sie beide.

Hanna, die in dem Kind Jesus voller Freude den verheißenen Messias erkannte, als Maria und Josef ihn in den Tempel brachten, um ihn Gott zu weihen, war „... schon sehr alt. Hanna war Witwe. ... Jetzt war sie vierundachtzig Jahre alt ..." (Lukas 2,36-37).

Der Apostel Johannes schrieb das Buch der Offenbarung, während er aufgrund seines Glaubens auf der Insel Patmos gefangen gehalten wurde. Zu dieser Zeit war er vermutlich in den Neunzigern.

Paulus, der nach vielen Jahren aufopfernden Missionsdienstes im Gefängnis saß, beschrieb sich als „alten Mann", aber dennoch hatte er die Hoffnung, bald freigelassen zu werden und den Menschen wieder von Christus erzählen zu können (Philemon 1,9.22).

Ich könnte noch unzählige andere Beispiele von Menschen anführen, die im hohen Alter von Gott gebraucht wurden – nicht nur aus der Bibel, sondern auch aus der Geschichte.

Tun Sie es den Zeugen gleich

Vielleicht sagen Sie sich jetzt: „Nun, das mag für die Menschen damals gegolten haben, aber nicht für mich. Eines Tages werde ich alt sein, und dann bin ich niemandem mehr von Nutzen. Und abgesehen davon will ich meinen Lebensabend in Ruhe genießen." Vielleicht sind Sie sogar davon überzeugt, dass diese Zeit für Sie bereits begonnen hat.

Aber diese Männer und Frauen waren weder einzigartig noch besaßen sie außergewöhnliche, übermenschliche Fähigkeiten. Die meisten von ihnen waren ganz gewöhnliche Menschen, und als solche können sie uns einige Lektionen lehren. Die erste davon lautet: Das Alter mag seine Einschränkungen und Herausforderungen mit sich bringen, aber dennoch können unsere späteren Jahre zu denjenigen zählen, die den größten Lohn und die größte Erfüllung für uns bereithalten. Das war bei ihnen so und das kann auch bei uns der Fall sein.

Sie waren geistig, körperlich, emotional und vor allem geistlich auf alles vorbereitet, was im Alter auf sie zukommen konnte. Das war es, worauf es ankam. Sie konnten tun, was sie taten, weil sie schon lange Zeit, bevor sie das hohe Alter erreichten, auf seine Herausforderungen vorbereitet waren. Sie wurden nicht vom Alter überrascht. Sie wussten: Wenn Gott ihnen ein langes Leben gab, hatte er einen Grund dafür und würde stets an ihrer Seite sein. Für sie war das Älterwerden nichts, was man verleugnen oder fürchten musste. Stattdessen hießen sie es als Teil von Gottes Plan für ihr Leben willkommen. Sie waren gewöhnliche Menschen, aber sie besaßen einen außergewöhnlichen Glauben.

Wie bereiteten Sie sich auf die Unwägbarkeiten des Alters vor? Und wie können wir uns auf unsere späteren Jahre vorbereiten, ganz gleich wie jung oder alt wir jetzt sind? Oder, anders ausgedrückt, wie können wir unser Leben auf ein solides, unerschütterliches Fundament aufbauen, das uns für den Rest unserer Tage tragen wird? Gott hat uns alle Antworten gegeben, die wir brauchen, wir müssen sie nur für uns entdecken und auf unser Leben anwenden.

Mit hohen Erwartungen auf das Ziel zu

Die größte Überraschung meines Lebens war es, alt zu werden, doch der größte Triumph steht mir noch bevor: Der Sieg über den Tod, der mich in die ewige Gegenwart meines Retters, Jesus Christus führen wird.

Auch wenn das Alter in unserer Gesellschaft nicht als respektable Phase des Lebens angesehen wird, lautet mein Gebet, dass alle Menschen, die an Jesus Christus glauben, den letzten Abschnitt ihres Weges triumphierend gehen, so wie Mose es tat, als er im Alter von 120

Jahren starb: „Anschließend stieg Mose … auf den Berg Nebo … Und der Herr zeigte ihm das ganze Land … Mose, der Diener des Herrn, starb dort … Nie wieder gab es einen Propheten wie Mose in Israel, dem der Herr persönlich begegnete" (5. Mose 34,1.5.10).

Das ist ein bemerkenswerter Abschnitt. Obwohl Mose das Land aufgrund seines früheren Ungehorsams nicht betreten durfte, erlaubte Gott ihm jetzt in seinem hohen Alter, das verheißene Land zu betrachten. Ich frage mich oft, ob Gott in seiner Souveränität zulässt, dass die Augen der Alten mit einigem Missfallen auf das Hier und Jetzt blicken, damit wir unsere geistlichen Augen auf die Ewigkeit konzentrieren können.

In Gottes Wort lesen wir von Moses Nachfolger Josua: Er „… war mit dem Geist der Wahrheit erfüllt, denn Mose hatte ihm die Hände aufgelegt. Deshalb hörten die Israeliten auf ihn und machten alles so, wie der Herr es ihnen durch Mose befohlen hatte" (5. Mose 34,9). Nach Moses Tod war Josua zum militärischen Befehlshaber für Gottes Volk geworden, doch der Einfluss Moses lebte in ihm weiter.

Welche Lebenserfahrung geben Sie an diejenigen weiter, die Ihnen nachfolgen? Die Erinnerung daran, was Gott für Sie getan hat, wird Sie im Alter stärken. Denken Sie daran, dass andere Ihr Handeln und Ihre Einstellung beobachten. Üben Sie nicht weniger Einfluss aus, als Sie können. Und geben Sie grundlegende Wahrheiten aus Gottes Wort weiter, damit die jüngere Generation wie Josua „mit dem Geist der Wahrheit erfüllt wird".

Ziehen Sie sich nicht aus dem Leben zurück

Kommt, wir ziehen uns an einen einsamen Ort zurück, wo ihr euch ausruhen könnt.
Markus 6,31

Grollen Sie nicht, weil Sie alt werden. Anderen ist dieses Vorrecht nicht vergönnt.
Verfasser unbekannt

Eine Freundin erzählte mir kürzlich von einer Begebenheit auf einem Parkplatz. „Genieße das Leben – es hat ein Verfallsdatum" stand auf dem Aufkleber eines alten roten Ford Thunderbird Cabrio, das neben einem funkelnden, neuen schwarzen Thunderbird der letzten Generation geparkt war. Der Altersunterschied zwischen den beiden Autos betrug fünfzig Jahre. Ich musste lächeln, als sie berichtete, dass auf dem Rücksitz dieses 1961er-Modells der dritten Generation ein Teenager und ein Kleinkind saßen – die Enkelkinder des Fahrers. Der Besitzer des schwarzen Autos war sein Sohn. Die drei Generationen befanden sich auf einem Familienurlaub. Das erinnerte mich an die Zeit, als meine Kinder noch klein waren und wir uns alle zusammen in ein Auto zwängten. Wir wussten noch, was es bedeutete, eng verbunden zu sein. Für die meisten Familien von heute gehört so etwas der Vergangenheit an.

Als sie sich mit den Großeltern unterhielt, kamen noch einige andere Leute hinzu, um den 61er Bullet Bird oder das American Dream Car, wie dieses Auto damals genannt wurde, zu bewundern. John F. Kennedy war ein so großer Fan dieser Bullet Birds, dass bei der Parade zu seiner Amtseinführung im Jahr 1961 fünfzig Stück davon im Tross fuhren. Ich war fasziniert, als ich erfuhr, dass die ganze Aufmerksamkeit dem alten Fahrzeug galt, während das neue Modell mit all seinen hochtechnisierten Spielereien völlig in den Hintergrund geriet. Vielleicht lag es auch daran, dass im neueren Modell niemand saß, der damit herumprahlte. Aber ich glaube, was die Anziehungskraft des älteren Modells ausmachte, war der Kontrast zwischen dem silberhaarigen Großvater und den zwei lebhaften Kindern, die es kaum erwarten konnten, mit ihren Großeltern eine Spritztour zu unternehmen. Und die Tatsache, dass sich dieses Auto bereits fünfzig Jahre im Besitz dieses Mannes befand, rundete die Sache noch ab.

In einer Welt, die von Hochgeschwindigkeit und sofortiger Bedürfnisbefriedigung geprägt ist, scheint die Faszination von Relikten, Antiquitäten und abgewetzten Jeans irgendwie fehl am Platz zu sein. Aber als Coca-Cola 1985 sein hundert Jahre altes Rezept änderte, führte das sofort zu großen Protesten und der Forderung, das Original wieder einzuführen. So war die Firma nach nur zwei kurzen Monaten gezwungen, das Getränk unter dem Namen Coca-Cola Classic wieder in die Supermärkte zu bringen, was einen enormen Anstieg der Verkaufszahlen zur Folge hatte. Der Schluss, den die Vermarkter daraus zogen, lautete, dass das Rezept die Zeiten überdauert hatte. Die alte, geheime Rezeptur hatte die neue Rezeptur übertrumpft, und der Beweis dafür waren Millionen von Fans, die lautstark dagegen protestierten, dass an dem Original herumgedoktert wurde.

Was hat all das nun mit dem Älterwerden zu tun? Alt ist authentisch. Alt ist aufrichtig. Alt ist wertvoll. Manche sagen sogar, alt ist schön. Jemand erzählte mir einmal von einer älteren Frau, die sagte: „Ich wünschte, ich hätte genug Zeit, Geld und Mut, um mir das Gesicht liften zu lassen. Alles hängt schlaff herunter!" Darauf sagte ihr Mann: „Liebes, die billigste und dauerhafteste Gesichtsstraffung ist ein Lächeln. Es zieht deine Gesichtszüge nach oben und die Menschen zu dir hin."

Nun, nicht alle älteren Menschen können hinter das Lenkrad eines Traumautos klettern oder ihr Gesicht liften lassen, aber wir alle haben die Möglichkeit, damit zufrieden zu sein, wo wir im Leben stehen. Schließlich lautet die Alternative dazu, überhaupt nicht hier zu sein. Können wir uns dem Apostel Paulus anschließen, der sagte: „Ich habe gelernt, mit dem zufrieden zu sein, was ich habe" (Philipper 4,11)?

Ich muss zugeben, dass ich die Tage vermisse, an denen ich noch selbst Auto fahren konnte, aber ich bin dankbar, dass immer jemand da ist, der mich dort hinbringt, wo ich hin muss. Meine Schmerzen erinnern mich daran, dass ich nicht mehr so jung bin, wie ich gerne wäre, aber es erfüllt mich mit großer Dankbarkeit, dass ich noch hier bin und über sie reden kann – und dass es Menschen gibt, die so freundlich sind, mir geduldig zuzuhören.

Der Spiegel lügt nicht, aber ich kann meinem Spiegelbild zulächeln, weil meine Sehschwäche meine Falten kaschiert. Auch im Alter von 92 Jahren ist es noch mein Wunsch zu lernen, zufrieden zu sein. Wir sollten nie zu alt werden, um zu lernen, und nie zu alt, um zu lächeln!

Eine distinguiert aussehende Frau war einmal ein wenig zu schnell mit dem Auto unterwegs. Ein Polizist überholte sie und fragte sie, warum sie die Geschwindigkeitsbegrenzung überschritten habe. Da lachte der Mann, der neben ihr auf dem Beifahrersitz saß, und sagte: „Junger Mann, wir fahren so schnell, damit wir an unserem Ziel ankommen, bevor wir vergessen haben, wo wir eigentlich hin wollen!"

Es ist sehr wichtig, dass wir unser Ziel erreichen. Ebenso wichtig sind aber auch diejenigen, die uns nachfolgen, denn sie sind auf derselben Reise wie wir. Sie erkennen es nur noch nicht. Der älteren Generation mag es schwerfallen, mit der jüngeren Schritt zu halten, aber wir müssen bedenken: So lange wir noch atmen, gehen wir ihnen voran. Die Generationen, die uns nachfolgen, lernen von uns, wie man alt wird. Sind wir ihnen ein gutes Vorbild?

Natürlich haben wir alle Fehler gemacht, und wenn es nur irgendwie ginge, würden wir zu gern die Zeit zurückdrehen und einiges anders machen. Aber die Lektionen, die wir aus unseren Fehlern und Erfolgen gelernt haben, können denjenigen helfen, die nach uns kommen. Der Einfluss, den wir auf sie ausüben, kann möglicherweise darüber entscheiden, ob unsere Mitmenschen uns in guter Erinnerung behalten oder ob wir nach dem Motto „aus den Augen, aus dem Sinn" einfach aus ihrem Leben verschwinden.

Die Tochter einer guten Freundin hatte miterlebt, wie ihr Großvater zu Hause starb. Der Teenager sagte mit Tränen in den Augen: „Ich werde nie vergessen, wie liebevoll meine Großmutter meinen Großvater gepflegt hat. Das hat mich gelehrt, dass wir uns um die Kranken und Sterbenden kümmern müssen. Aber vor allem hat es mir gezeigt, wie man allen Schwierigkeiten im Leben tapfer begegnen kann."

Es gibt so vieles, was die Jungen von denen lernen können, die bereits eine weite Reise zurückgelegt haben. Dennoch sollten wir Älteren nicht aus dem Blick verlieren, dass auch sie eine große Bereicherung für unser Leben sind. Sie sehen unsere Fehler und unsere Triumphe, und im Gegenzug wäre es wünschenswert, dass wir ihre Kämpfe und Errungenschaften anerkennen und sie auf ihrem Weg in eine unbekannte Zukunft ermutigen.

In der Bibel heißt es: „Alles hat seine Zeit, alles auf dieser Welt hat seine ihm gesetzte Frist ... Suchen hat seine Zeit wie auch das Verlieren" (Prediger 3,1.6). Wenn wir einen Verlust erleiden, kann uns das zu einigen Erkenntnissen verhelfen. Lassen Sie uns die Absichten Gottes auch in Zeiten des Kummers und der Enttäuschung nicht aus den Augen verlieren, denn er ist auf unserer Reise immer bei uns.

Ich erinnere mich noch an die Geschichte von einem Ehepaar, das sich nach vielen Jahren harter Arbeit zur Ruhe setzen wollte. Sie hatten ihren Urlaub jedes Jahr in derselben abgelegenen Küstenstadt im Nordwesten der Vereinigten Staaten verbracht. Seine Anstellung bei einer großen Fluggesellschaft hatte es ihnen ermöglicht, viel zu reisen, aber dies war ihr Zufluchtsort – der eine Ort auf der Welt, an dem sie sich wirklich entspannen konnten. Nichts erfrischte sie mehr als ein zügiger Spaziergang am Strand oder ein gemütliches Abendessen, bei dem sie zusahen, wie die Sonne über dem Pazifik unterging. Als ein kleines Haus mit Blick auf den Ozean zum Verkauf angeboten wurde, ergriffen sie die Gelegenheit sofort beim Schopf und waren davon überzeugt, den Ort gefunden zu haben, an dem sie ihren Lebensabend verbringen wollten.

Schließlich war es so weit. Die Fluggesellschaft ehrte den Mann gebührend für seine langjährigen Dienste, das Ehepaar schrieb sein Haus zum Verkauf aus und trat seine knapp zweitausend Kilometer lange Reise in sein neues Heim an. Sie genossen ihr neues Leben in vollen Zügen – die langen Strandspaziergänge neben den sich brechenden Wellen, das unbeschwerte Leben in der kleinen Stadt, die Freiheit, nach ihrem eigenen Zeitplan zu leben und tun zu können, was sie wollten. Alles war genau so, wie sie es sich immer erträumt hatten. Ein besseres Leben konnte es nicht geben!

In der fünften Woche jedoch beschlich sie Unbehagen und sie erkannten, dass sie einen Fehler gemacht hatten. Zu beobachten, wie die Wellen gegen die Felsen schlugen, reichte nicht aus, um die Leere zu füllen, die der Verlust ihres früheren Lebens in zweitausend Kilometern Entfernung in ihnen hinterlassen hatte. Nachdem sie einige Wochen lang die Ruhe genossen hatten, verlor es seinen Reiz, all die Restaurants, Cafés und Geschäfte zu besuchen.

„Soll das alles sein, was wir in den nächsten zwanzig oder dreißig Jahren tun?", fragten sie sich. „Was haben wir uns nur dabei gedacht, unsere Kinder und Enkelkinder zu verlassen?" Glücklicherweise war das Haus, in dem sie über dreißig Jahre gelebt hatten, noch nicht verkauft, und so packten sie ihre Habseligkeiten zusammen und kehrten nach Hause zurück. Der Mann nahm bei der Fluggesellschaft, wo er früher gearbeitet hatte, eine Teilzeitstelle als Berater an und sagte: „Ich habe geglaubt, ich sei bereit für den Ruhestand, aber ich habe einfach nicht richtig darüber nachgedacht."

Der Übergang in den Ruhestand

Viele Menschen könnten ähnliche Geschichten erzählen. Das alte Sprichwort: „Die Kirschen in Nachbars Garten schmecken immer ein bisschen süßer" ist auch heute noch wahr. Der Ruhestand ist etwas völlig anderes als ein zweiwöchiger Urlaub, und Veränderungen sind ein unvermeidlicher Teil des Lebens, ganz gleich wie jung oder alt wir sind.

Im Laufe der Jahre wachsen wir von Kindern zu Jugendlichen heran und werden schließlich zu jungen Erwachsenen. Wir erlernen einen Beruf, viele von uns heiraten und bekommen Kinder und stehen letztendlich vor dem leeren Nest. Manche Entwicklungen des Lebens sind vorhersagbar, von anderen werden wir völlig überrascht.

Das Leben ist voller Veränderungen, aber die größte von ihnen ist unser Eintritt in den Ruhestand. Viele freuen sich darauf, andere fürchten sich davor. Früher oder später wird fast jeder, der lange genug lebt, diese Erfahrung machen. „Ich kann es kaum erwarten, in Rente zu gehen", schrieb mir vor Kurzem ein Mann in den frühen Sechzigern. Das habe ich im Lauf der Jahre schon viele Hundert Male gehört. Ein anderer erzählte mir: „Meine Frau und ich sind noch in den Dreißigern, aber unser größtes Ziel ist es, in Rente zu gehen, wenn ich fünfzig werde." Und ganz im Gegensatz dazu sagte kürzlich jemand zu mir: „Ich fürchte mich vor dem Ruhestand. Die Personalpolitik meiner Firma schreibt vor, dass man in einem bestimmten Alter in Rente gehen muss. Bis dahin habe ich nur noch ein paar Jahre. Ich mag meine Arbeit. Ich kann mir gar nicht vorstellen, ohne sie zu leben."

Die Reaktionen sind unterschiedlich, weil die Menschen verschieden sind, doch für die meisten von ihnen ist es ein großer Umbruch in ihrem Leben, wenn sie aufhören zu arbeiten – ein bedeutender Meilenstein, der nicht nur für das Ende ihres Berufslebens, sondern auch für den Beginn ihrer späteren Jahre steht. Der Eintritt in den Ruhestand ist nur eine der Veränderungen, die die meisten von uns erleben, wenn sie älter werden. Aber sie ist eine der weitreichendsten, denn sie betrifft nicht nur uns selbst, sondern kann auch für unsere Ehepartner einen drastischen Wandel darstellen.

Vielleicht stellen wir uns die Jahre nach unserem Eintritt ins Rentenalter als eine Zeit der Ruhe und der Entspannung vor, und in gewisser Hinsicht ist sie das auch. Aber sie hat noch eine andere Seite: Wie jeder andere Abschnitt unseres Lebens werden auch unsere späteren Jahre von Veränderungen geprägt sein. Nach unserer Entscheidung, in den Ruhestand zu gehen, treffen wir möglicherweise auf ganz neue Herausforderungen, sei es die Gewöhnung an einen neuen Tagesablauf, eine angeschlagene Gesundheit, der Verlust unseres Ehepartners, die Notwendigkeit eines Umzugs, die zunehmende Abhängigkeit von anderen und noch vieles mehr. All diese Dinge bringen ihre ganz eigenen Schwierigkeiten mit sich.

Dennoch sind viele Menschen schlecht auf die Realität des Alters vorbereitet. Entweder betrachten sie sie durch eine rosarote Brille oder sie weigern sich, überhaupt darüber nachzudenken. „Ich habe mir nie viele Gedanken über den Ruhestand oder das Älterwerden gemacht", gestand mir einmal ein ehemaliger Geschäftsmann. Er fügte hinzu: „Wenn ich meine Geschäfte so wenig vorausgeplant hätte wie meinen Ruhestand, hätte ich Bankrott gemacht." Eine Frau schrieb mir: „Ich glaubte, ich wäre auf das Leben im Alter vorbereitet. Als alleinstehende, berufstätige Frau habe ich immer sehr darauf geachtet, finanziell abgesichert zu sein. Aber jetzt stelle ich fest, dass ich auf die emotionalen und geistlichen Herausforderungen, denen ich gegenüberstehe, völlig unvorbereitet bin. Mir wurde klar, dass finanzielle Sicherheit nicht alles ist – ganz und gar nicht."

Der Ruhestand und die Bibel

Die Arbeit ist ein Teil von Gottes Plan für unser Leben. Wir arbeiten nicht nur, damit wir etwas zu essen haben – Arbeit ist eine der wichtigsten

Möglichkeiten, die Gott uns gegeben hat, um ihn zu ehren. Der Verfasser des Buches Prediger erklärte: „Es gibt nichts Besseres für den Menschen, als sich an dem zu freuen, was er isst und trinkt, und das Leben trotz aller Mühe zu genießen. Doch ich erkannte, dass auch das ein Geschenk Gottes ist" (Prediger 2,24). Paulus sagte: „Was immer ihr esst oder trinkt oder tut, das tut zur Ehre Gottes!" (1. Korinther 10,31).

Den größten Teil seines Lebens arbeitete Jesus mit seinen Händen. „Er ist doch nur ein Zimmermann ...", spotteten einige seiner Feinde, die fälschlicherweise davon ausgingen, dass jemand, der einen ganz gewöhnlichen Beruf ausübte wie das Zimmerhandwerk, unmöglich der Messias sein könne (siehe Markus 6,3). Auch der Apostel Paulus arbeitete mit seinen Händen. Auf seinen Reisen verdiente er seinen Lebensunterhalt oft als Zeltmacher (siehe Apostelgeschichte 18,3). In Gottes Augen ist jede rechtmäßige Arbeit achtbar und bedeutend, deshalb sollten wir unsere Arbeit stets mit Stolz, Gewissenhaftigkeit und Integrität tun.

Es war jedoch nie vorgesehen, dass unsere Arbeit zum Mittelpunkt unseres Lebens wird. Dieser Platz gebührt einzig und allein Gott. Wenn wir zulassen, dass unsere Arbeit uns beherrscht und unser Leben bestimmt, ist sie zu einem Götzenbild für uns geworden. Jemand, der sich damit brüstet, siebzig oder achtzig Stunden pro Woche zu arbeiten, glaubt vermutlich, er hätte seine Arbeit fest im Griff, aber in Wirklichkeit verhält es sich genau andersherum. Und weil seine Arbeit einen derart großen Raum in seinem Leben einnimmt, macht er möglicherweise auch seine Identität oder sein Selbstwertgefühl von seiner Fähigkeit zu arbeiten abhängig. Leider verstärkt unsere materialistische Gesellschaft diese Sichtweise noch. Aber Gott sagt, wir sind größer als unsere Arbeit, und unsere Arbeit ist nur ein Teil seines Plans für uns.

Bedeutet das nun, dass es in Gottes Augen falsch ist, wenn wir aufhören zu arbeiten und in den Ruhestand gehen?

In der Bibel kommt das Wort „Ruhestand", wie wir es heute benutzen, nicht vor. In früheren Zeiten arbeiteten die meisten Menschen so lange, wie sie körperlich dazu in der Lage waren. Sie hatten kaum eine andere Wahl, denn damals gab es weder eine Sozialversicherung noch ein Rentensystem, das sie im Alter unterstützt hätte. Darüber hinaus arbeiteten viele von ihnen selbstständig als Landwirte, Fischer oder Handwerker und mussten ihren Beruf bis ins hohe Alter ausüben, um überleben zu können. Dies ist in vielen Teilen der Welt auch heute noch der Fall.

Wenn sie dann nicht mehr in der Lage waren zu arbeiten, waren sie normalerweise davon abhängig, dass ihre Familie für sie sorgte. Das war jedoch nicht immer möglich, weshalb uns viele Verse in der Bibel ans Herz legen, uns vor allem um diejenigen zu kümmern, die keine familiäre Unterstützung haben, wie Witwen und Waisen sowie Menschen mit Behinderungen oder Gebrechen. Der Psalmist schrieb:

Verhelft den Armen und Waisen
zu ihrem Recht und verteidigt die Sache
der Notleidenden und Unterdrückten.

Rettet die Armen und Hilflosen …
Psalm 82,3-4

Der einzige konkrete Hinweis auf den Ruhestand in der Bibel betrifft die Mitglieder des Stammes Levi, denen die Verantwortung übertragen wurde, die Priester im jeweiligen Zentrum der Gottesanbetung Israels – erst im Zelt Gottes und später im Tempel – zu unterstützen. Diese Aufgabe beinhaltete die Instandhaltung des Gebäudes und die Pflege der heiligen Gegenstände, die im Gottesdienst benutzt wurden. Ihr Dienst begann im Alter von fünfundzwanzig Jahren, aber in der Bibel heißt es: „Die Leviten sollen den Dienst im Heiligtum … im Alter von 50 Jahren beenden" (4. Mose 8,24-25). Ein Grund wird dafür nicht genannt, aber vermutlich sollte dadurch die Gefahr eingedämmt werden, dass sie aufgrund körperlicher Schwäche einen Gegenstand, der im Gottesdienst benutzt wurde, fallen ließen und ihn so beschädigten oder unrein machten. Vielleicht sollte damit auch der nächsten Generation der Leviten die Möglichkeit gegeben werden, in den Dienst nachzurücken und Verantwortung zu übernehmen.

In der Welt, in der wir heute leben, entspricht es der Normalität, dass wir irgendwann aufhören zu arbeiten und unseren Lebensabend genießen. Ältere Menschen werden oft dazu gedrängt, in Rente zu gehen, um Arbeitsplätze für die Jüngeren frei zu machen. Es ist nichts falsch daran, in den Ruhestand zu gehen, und diese Jahre können zu den besten unseres Lebens gehören, wenn wir sie als ein Geschenk Gottes ansehen. Gott ruhte am siebten Tag, nachdem er das Universum erschaffen hatte, und auch wir sollten uns nicht schuldig fühlen, wenn er uns die Möglichkeit gibt, uns auszuruhen, wenn unsere Arbeit getan ist.

Mein Weg in den Ruhestand

Die Entscheidung, mich zur Ruhe zu setzen, nachdem ich mein Leben lang gepredigt hatte, fiel mir nicht leicht. Ich sagte jahrelang, dass ich erst dann mit meiner Arbeit aufhören würde, wenn Gott mir sagte, dass der Zeitpunkt gekommen war. Aber was genau meinte ich damit? Langsam dämmerte mir, dass ich mir nicht sicher war, ob ich es wirklich wissen würde, wann Gott es für richtig hielt, dass ich aufhörte, es sei denn, ich bekäme ernsthafte gesundheitliche Probleme. Irgendwo hatte ich einmal von einem bekannten Prediger gehört, der sich eigentlich längst hätte zur Ruhe setzen sollen, aber dennoch beharrlich an seiner Arbeit festhielt. Er predigte so lange, bis ihn eines Tages jemand am Ellbogen nahm und sanft von der Bühne führte, weil er nicht mehr zusammenhängend sprach. Ich wollte sicher nicht, dass es mir ebenso erging.

Im Laufe der Jahre merkte ich schließlich, dass ich nicht mehr die körperliche Ausdauer hatte, meinen Terminplänen im gewohnten Umfang gerecht zu werden. Nach viel Gebet und vielen Gesprächen mit Menschen, die ich für ihre Weisheit respektierte, reduzierte ich die Anzahl unserer Evangelisationen und verkürzte zudem ihre Dauer zunächst von zwei Wochen auf zehn Tage, dann auf eine Woche und schließlich auf drei Tage. Soweit es möglich war, begrenzte ich auch alle anderen meiner Engagements, um Kraft zu sparen.

Darüber hinaus trat ich im Lauf der Zeit immer mehr Verwaltungsaufgaben unserer Organisation an meinen Sohn Franklin ab. Er war aufgrund seiner Begeisterung für die Evangelisation und seiner umfangreichen Erfahrung als Leiter einer weltweit tätigen christlichen humanitären Hilfsorganisation zweifellos dafür qualifiziert, unser Werk zu leiten. Im Jahr 2001 beschlossen unsere Vorstandsmitglieder einstimmig, dass er meinen Platz als Leiter übernehmen sollte.

Unseren Evangelisationsdienst setzten wir jedoch nach wie vor fort, und obwohl ich mit der Zeit feststellte, dass auch eine nur drei Tage dauernde Veranstaltung sehr anstrengend für mich war, hörte Gott nicht auf, die Verkündigung seines Wortes zu segnen. Wie hätte ich mich angesichts dieser Tatsache zur Ruhe setzen können? Ebenso sehr, wie ich mich davor fürchtete, zu lange weiterzumachen, fürchtete ich mich davor, zu früh aufzuhören.

Meine Entscheidung, mich aus dem Evangelisationsdienst zurückzuziehen, war das Ergebnis eines längeren Prozesses und, um ehrlich zu sein, traf ich sie ein wenig widerwillig. Aber als ich wiederholt betete und Gottes Rat suchte, spürte ich, dass er mich definitiv dazu anleitete, diesen Teil meines Dienstes zu beenden. Niemand ist unersetzlich. Ich wusste, dass Gott andere – einschließlich Franklin – dafür einsetzen würde, die Verkündigung des Evangeliums fortzuführen. Deshalb beschloss ich nach viel Gebet, dass unsere Großevangelisation in New York im Jahr 2005 meine letzte sein würde, und als sie vorüber war, verspürte ich einen tiefen Frieden und wusste, dass ich die richtige Entscheidung getroffen hatte.

Das bedeutete jedoch nicht, dass ich nie wieder predigen würde. Ein Jahr später stand ich am letzten Abend seines Baltimore-Festivals zusammen mit Franklin auf der Bühne. Und während ich dieses Kapitel schreibe, denke ich über die Möglichkeit nach, eine kurze Botschaft über das Internet zu verbreiten, von dem manche sagen, dass es das größte Publikum in der Geschichte unseres Dienstes erreicht.

Ich habe jetzt auch mehr Zeit für die Dinge, die ich schon immer tun wollte, wie beispielsweise mich mit jungen Evangelisten zu treffen und sie in ihrem Dienst zu ermutigen. Hin und wieder besuche ich unsere Bibelschule The Cove in Asheville und die Billy-Graham-Bibliothek in Charlotte, und in meiner verbleibenden Zeit widme ich mich anderen Bereichen meines Dienstes und schreibe Bücher und hin und wieder einen Artikel. Aber nichts begeistert mich mehr, als von denjenigen zu hören, die sich mitten im Geschehen befinden. Es ist sehr ermutigend zu sehen, wie Gott sein Werk durch sie fortsetzt.

Als die ältere Generation sollten wir uns unserer Verantwortung bewusst sein, für andere zu beten. Wenn wir uns zur Ruhe setzen, sollte das nicht bedeuten, dass wir in Regungslosigkeit verharren. Wir dürfen uns zwar von unseren Mühen ausruhen, aber gleichzeitig sollten wir diese Zeit in unserem Leben dafür nutzen, anderen, die schwere Lasten tragen, den Rücken zu stärken.

Wann wollen Sie sich zur Ruhe setzen?

Nun stellt sich immer noch die Frage: Auf welcher Grundlage werden Sie Ihre Entscheidung treffen, wann der richtige Zeitpunkt gekommen ist, um sich zur Ruhe zu setzen? Wird es Ihnen ergehen wie dem Ehepaar, das sich zu früh aus dem Arbeitsleben zurückzog? Oder wie dem erfolgreichen Geschäftsmann, der sich weigerte, auch nur über seinen Ruhestand nachzudenken. Er dachte noch nicht mal rechtzeitig darüber nach, einen Nachfolger einzustellen, und ließ deshalb sein Unternehmen im Chaos zurück, als er im Alter von 93 Jahren starb? Der wichtigste Rat, den ich Ihnen dafür geben kann, lautet: Fragen Sie nach Gottes Willen. Das ist möglicherweise eine der wichtigsten Entscheidungen, die Sie je treffen werden. Warum also beten Sie nicht und versuchen damit herauszufinden, was der Wille Gottes ist? Legen Sie die Angelegenheit in die Hände des einen, der weiß, was für Sie und Ihre Familie am besten ist.

Vielleicht fragen Sie sich jetzt, wie Sie den Willen Gottes hinsichtlich Ihres Ruhestands herausfinden können und worauf Sie dabei achten müssen. Ich habe dafür kein Patentrezept, aber ich will Ihnen drei Gesichtspunkte nennen, die Gott möglicherweise gebrauchen wird, um Sie anzuleiten.

Überdenken Sie Ihre Situation

Vielleicht lässt Ihre Gesundheit nach oder Sie stellen fest, dass Sie nicht mehr die Ausdauer besitzen, die Sie früher einmal hatten. Auch wenn Sie sich jetzt noch guter Gesundheit erfreuen, wird sich das eines Tages wahrscheinlich ändern. Gibt es etwas, das Sie schon immer tun wollten, bevor diese Zeit kommt? Oder vielleicht merken Sie, dass die für die nahe Zukunft geplanten technischen Veränderungen an Ihrem Arbeitsplatz eine Herausforderung für Sie darstellen, der Sie sich nicht gewachsen fühlen. Wie steht es um Ihre finanzielle Situation, sowohl hinsichtlich Ihrer Ersparnisse für Ihren Ruhestand als auch Ihrer Absicherung im Krankheitsfall? Hat sich Ihre Einstellung gegenüber Ihrer Arbeit in letzter Zeit geändert? Sind Ihnen die Aufgaben, die Sie früher interessant und erfüllend fanden, jetzt zu einer Last geworden? Ihre Antworten auf Fragen wie diese können ein Hinweis darauf sein, ob es für Sie an der Zeit ist, über Ihren Ruhestand nachzudenken.

Sprechen Sie mit Ihrem Ehepartner

Treffen Sie diese Entscheidung nicht allein. Ihr Eintritt in den Ruhestand wird das Leben Ihres Ehepartners ebenso sehr verändern wie Ihr eigenes. Wenn Ihr Ehepartner noch arbeitet, wird er oder sie dann zur selben Zeit aufhören wie Sie? Wenn nicht, was werden Sie tun, solange Ihr Partner noch berufstätig ist? Und wenn er oder sie nicht mehr im Arbeitsleben steht, wie wird sich Ihr Ruhestand auf Ihre Beziehung auswirken?

Wenn Ihr Partner mit Ihrer Entscheidung, in den Ruhestand zu gehen, nicht einverstanden ist oder nicht versteht, warum Sie darüber nachdenken, ist es möglicherweise das Beste, wenn Sie Ihre Pläne noch eine Zeit lang aufschieben.

Achten Sie auf mögliche Fallstricke

„Ich hatte während meiner ganzen Berufslaufbahn sehr nette Kollegen, mit denen ich gerne zusammengearbeitet habe", sagte einmal ein Mann zu einem meiner Freunde. „Ich fühlte mich immer als ein wichtiger Teil des Teams. Aber seit ich im Ruhestand bin, ruft mich niemand mehr an und ich fühle mich total nutzlos. Ich habe schon ein paar Mal einen Besuch im Büro gemacht, um zu sehen, wie es meinen ehemaligen Kollegen geht, aber ich habe mich dabei fast wie ein Eindringling gefühlt."

Einsamkeit, Ziellosigkeit, Depressionen, das Gefühl nutzlos und wertlos zu sein, Furcht, die Angst vor der Zukunft – diese und viele ähnliche Emotionen sind bei Rentnern sehr oft anzutreffen. Leider sind manche von ihnen außerstande, mit ihrer neuen Situation zurechtzukommen, und eine überraschend große Zahl von Rentnern leidet nur ein Jahr, nachdem sie in den Ruhestand eingetreten sind, an einer Krankheit.

„Auf dem Totenschein, den ich unterschrieben habe, heißt es, er sei an einem Schlaganfall gestorben. Medizinisch ist das völlig korrekt", erzählte mir einmal ein Arzt über einen verstorbenen Patienten, der erst kurz zuvor in Rente gegangen war. „Aber ich glaube, in

Wirklichkeit ist er an einem gebrochenen Herzen gestorben. Er fühlte sich einfach nutzlos und wollte nicht mehr leben."

Seien Sie sich dieser Fallstricke bewusst, wenn Sie erwägen, in den Ruhestand zu gehen, und tun Sie schon jetzt alles, was in Ihrer Macht steht, um sich auf die unvermeidbaren Veränderungen vorzubereiten, die dieser Schritt mit sich bringen wird. Gott will nicht, dass Sie deprimiert sind und sich nutzlos fühlen, und ebenso wenig will er, dass Sie unkluge Entscheidungen für Ihre Zukunft treffen. Treten Sie nicht in den Ruhestand, ohne Ihre Entscheidung gründlich durchdacht und für diese Zeit Pläne geschmiedet zu haben, und entschließen Sie sich nur dazu, wenn Sie davon überzeugt sind, dass Gott Sie dazu anleitet.

In der Bibel heißt es: „Die Klugen aber bedenken jeden ihrer Schritte" (Sprüche 14,15).

Ruhestand und Dankbarkeit

Schon viele Generationen vor uns waren einmal dort, wo wir heute sind, jedoch ohne die Annehmlichkeiten, die wir genießen. Durch diese Annehmlichkeiten sparen wir jeden Tag viel Zeit, die wir für andere Dinge nutzen können. Die meisten von uns müssen ihre Nahrung nicht mehr selbst anbauen, wir müssen nicht jeden Morgen Wasser holen oder viele Kilometer reisen, nur um mit einem Freund sprechen zu können. Statt von all den neuen technischen Entwicklungen frustriert zu sein, sollten wir deshalb dankbar sein, dass wir durch sie mehr Zeit zur Verfügung haben, in der wir uns auf Gottes Segnungen konzentrieren können. Wenn wir über all das nachdenken, was Gott uns geschenkt hat, kann das viele Stunden in Anspruch nehmen – und das sollte es meiner Ansicht nach auch.

Paulus sagte zu den Philippern: „Nun, liebe Freunde, lasst mich zum Schluss noch etwas sagen. Konzentriert euch auf das, was wahr und anständig und gerecht ist. Denkt über das nach, was rein und liebenswert und bewunderungswürdig ist, über Dinge, die Auszeichnung und Lob verdienen" (Philipper 4,8).

Mit Dankbarkeit auf das Ziel zu

Als der Apostel Paulus diese wunderbaren, hoffnungsvollen Worte an die Gemeinde von Philippi schrieb, saß er im Gefängnis. Seine Lebensbedingungen waren hart, aber dennoch schrieb er einen Brief an die Menschen, die wie er an Christus glaubten, um sie in ihrem Glauben zu bestärken. Die Leute, die Paulus eingesperrt hatten, nahmen zweifellos an, Paulus hätte seinen Dienst für Gott aufgegeben, aber sein Eifer für seinen Retter spornte ihn an, als er schrieb: „… ich setze meine ganze Kraft für dieses Ziel ein. Indem ich die Vergangenheit vergesse und auf das schaue, was vor mir liegt …" (Philipper 3,13).

Obwohl Paulus sich dem Ende seines Lebens näherte, ließ er nicht zu, dass sich seine Vergangenheit negativ auf seine Zukunft auswirkte. Er drängte mit aller Macht voran. In einem anderen Brief, den Paulus aus dem Gefängnis an seinen Freund Philemon schrieb, nannte er sich „einen alten Mann" (Philemon 9). Aber er ließ sich von seiner Gefangenschaft und seinen körperlichen Einschränkungen nicht davon abhalten, andere zu ermutigen und sie aufzufordern, weiterhin das Richtige zu tun. Das Wort Gottes sollte uns mit Dankbarkeit erfüllen, denn er hat die Alten nicht verlassen. Sind Sie bereit, sich ungeachtet körperlicher Leiden, finanzieller Engpässe oder der Einsamkeit des Alters von Gott gebrauchen zu lassen? Obwohl Paulus selbst in Not war, streckte er sich nach anderen aus. Denken Sie nur einmal, mit welchen Einschränkungen Paulus zurechtkommen musste und welchen Einfluss er dennoch mit seinen Worten ausübte: „Deine Liebe hat mir sehr viel Freude und Trost gegeben, mein Bruder, denn du erfreust die Herzen der Gläubigen" (Philemon 7). Auch Sie können „ein guter Geruch sein, der Gott freut" (siehe Philipper 4,18).

Die Kraft der Hoffnung

*Noch im hohen Alter werden sie Frucht bringen
und werden grün und lebendig bleiben ...*
Psalm 92,15

*Was ein Leben ausmacht, ist nicht seine Dauer,
sondern wie viel Gutes man darin tut.*
Corrie ten Boom

Erblühe im hohen Alter wie ein nachtblühender Cereus."[1] Dieser Satz ist uns von einem Missionar überliefert, dem verstorbenen Dr. E. Stanley Jones, der lange in Indien gewirkt hat. Er übte durch seinen außergewöhnlichen Glauben und seinen Dienst für andere einen nachhaltigen Einfluss auf seine Mitmenschen aus, und zwar in einem solchen Ausmaß, dass er von Franklin D. Roosevelt und Mahatma Gandhi für sein Lebenswerk gewürdigt wurde. Obwohl er im Alter von 78 Jahren einen Schlaganfall erlitt, von dem er Lähmungen und Sprachstörungen zurückbehielt, ließ er es sich nicht nehmen, kurz bevor er in seinem geliebten Indien starb, sein letztes Buch „The Divine Yes"[2] zu diktieren und von seinem Rollstuhl aus auf einem Weltkongress in Jerusalem zu sprechen.

Der nachtblühende Cereus, von dem er sprach (ein Gewächs aus der Familie der blühenden Kakteen), verschönert die Wüste, wenn sich bei Anbruch der Nacht seine Blüten öffnen. Manche sagen, diese

Frauen, die großen Einfluss auf die nachfolgenden Generationen ausübten. Und ihre Worte sind bis heute unvergessen.

In der Zeit, als Israel einen wirtschaftlichen Ruin erlebte, erklärte der Prophet Joel:

Hört meine Worte, ihr Ältesten ... Hört genau zu!
Ist so etwas zu eurer oder zur Zeit
eurer Vorfahren je passiert?
Erzählt euren Kindern davon,
die sollen es ihren Kindern sagen
und diese der nachfolgenden Generation.
Joel 1,2-3

Der Prophet ruft die erfahrene, ältere Generation dazu auf, sich an die Zeiten zurückzuerinnern, in denen sie ähnliche Katastrophen erlebten, und sich wieder ins Gedächtnis zu rufen, wie Gott ihnen treu auf die Beine half, als sie sich ihm erneut zuwandten. An unserer heutigen angespannten Wirtschaftslage sehen wir, dass der Lebensstil unserer Nation seinen Tribut von uns fordert. Aber wie oft unternehmen die älteren Menschen denn eigentlich den Versuch, an die Jungen weiterzugeben, was sie in ähnlichen Zeiten gelernt haben?

Manche sagen zu diesem Thema: „Zwischen unserer und der nächsten Generation besteht eine große Kluft. Die Jüngeren glauben, wir wären bereits jenseits aller Probleme und hätten ihnen nichts mehr zu bieten."

Wir können andere nicht zwingen, zu befolgen, was wir ihnen raten, aber wir können und sollten die

Wahrheit aussprechen und dafür beten, dass Jesus die Ohren, den Sinn und die Herzen der Menschen für die Weisheit öffnet. In der Bibel heißt es:

Denkt an die längst vergangenen Tage,
achtet auf die längst verblichenen Generationen.
Fragt euren Vater, er wird es euch erzählen,
und befragt eure Alten, sie werden es euch sagen.
5. Mose 32,7

Und im Kapitel der Sprüche lesen wir: „Glücklich ist der Mensch, der Weisheit findet; in ihrer rechten Hand hält sie für dich langes Leben bereit" (Sprüche 3,13.16). Damit will ich nicht sagen, dass die ältere Generation alle Antworten hat – das tun wir nicht. Aber als Christen haben wir die Verantwortung, die Weisheit der Bibel weiterzugeben. Gott hat jede Generation gelehrt – sei es durch Fluch oder durch Segen – als die Quelle aller Dinge auf ihn zu sehen. Das beste Mittel, um jede Herausforderung zu meistern – einschließlich derjenigen, die Kluft zwischen den Generationen zu überbrücken – ist das Wort Gottes, denn wenn wir sein Wort verkünden, wird Gott selbst es segnen.

In der Bibel werden die Jüngeren angewiesen, ältere Menschen zu ehren und zu respektieren und Ehrfurcht vor Gott zu haben (3. Mose 19,32). Aber sehen wir diese Ehrfurcht vor Gott bei den älteren Menschen? Sind wir den Jüngeren ein Vorbild?

Der Apostel Paulus schrieb als betagter Mann: „Wie dankbar bin ich Christus Jesus, unserem Herrn, der mich stark gemacht, als vertrauenswürdig erachtet

… hat" (1. Timotheus 1,12). Dann riet er Timotheus: „Niemand soll dich gering schätzen, nur weil du jung bist. Sei allen Gläubigen ein Vorbild in dem, was du lehrst, wie du lebst, in der Liebe, im Glauben und in der Reinheit. … damit alle sehen können, wie du Fortschritte machst. Achte sorgfältig auf dich selbst und auf die Lehre. Bleib der Wahrheit treu, und Gott wird dich und alle, die dich hören, retten" (1. Timotheus 4,12.15-16).

Paulus wusste, dass Gott ihn dazu befähigt hatte, diese weisen Worte zu Timotheus zu sprechen. Heute vertreten viele die Meinung, dass man das Christentum nicht durch Lehre verkomplizieren sollte. Die Jungen heißen diese Überzeugung willkommen, während viele aus den älteren Generationen dazu schweigen. Aber wir sollten die Jüngeren ebenso kühn anleiten, wie Paulus es tat: „Meine Söhne, hört mir zu und folgt den Ratschlägen eures Vaters. … Denn was ich euch lehre, ist gut …" (Sprüche 4,1-2).

Darüber hinaus gab Paulus seinem geistlichen Sohn sorgfältige Anweisungen, die Ältesten im Glauben zu lehren und die Jungen und die Alten in den geistlichen Lehren zu unterrichten. Das ist ein wundervolles Bild dafür, wie eine Generation die andere mit Gottes Wahrheit beeinflussen kann. Auch die Alten können von den Jungen lernen. Das ist Gottes Weisheit, das ist sein Plan.

Mein Gebet für alle, die dieses Buch lesen, lautet, dass sie Gottes Ermutigung spüren, ihre Mitmenschen ungeachtet ihres Alters zu beeinflussen. Achten Sie jeden Tag in jedem Umstand, in jeder Begegnung darauf, was Jesus Ihnen sagen will, denn die Zeit, die er Ihnen geschenkt hat, soll nicht ungenutzt verstreichen. Bereiten Sie sich auf jeden Tag vor, indem Sie Gott bitten, Ihnen die Augen dafür zu öffnen, was um Sie herum vor sich geht. Sie mögen sich einsam fühlen, aber vielleicht wird Jesus Ihr Lächeln dafür gebrauchen, Ihnen jemanden nahezubringen. Sie mögen Schmerzen haben, aber vielleicht wird Jesus Ihre Entschlossenheit dazu gebrauchen, einem anderen Menschen Kraft zu geben, der nicht mehr den Willen hat, weiterzumachen. Die Entscheidung liegt bei uns: Wir können es ablehnen, uns von Gott gebrauchen zu lassen, oder wir können die Möglichkeit ergreifen, andere in seinem Namen zu beeinflussen.

Schmerz: Ein Werkzeug, keine Entschuldigung

Während ich dieses Buch schrieb, hatte ich das große Vorrecht, mit Louis Zamperini zu sprechen, einem Veteranen des Zweiten Weltkriegs, der zweieinhalb Jahre als Kriegsgefangener in einem japanischen Gefangenenlager verbrachte. Im Alter von 94 Jahren reiste er von seiner Heimat in Kalifornien nach Charlotte, North Carolina, wo er zu unserer großen Freude der Billy-Graham-Bibliothek einen Besuch abstattete. Mehrere Stunden lang schüttelte er den Anwesenden die Hand und signierte Exemplare seiner Biografie mit dem Titel „Unbeugsam".[3]

Am nächsten Tag nahm er die Fahrzeit von zwei Stunden auf sich, um meiner Einladung zu einem gemeinsamen Mittagessen bei mir zu Hause zu folgen. Wir hatten uns viele Jahre nicht gesehen. Ich bat ihn, mir zu erzählen, was ihn dazu bewogen hatte, sein Leben Jesus anzuvertrauen, und er antwortete geduldig auf all meine Fragen.

Als Louis 1945 freikam, wurde er zu Hause als Kriegsheld willkommen geheißen und genoss seinen kurzlebigen Ruhm, doch diesem folgten harte Zeiten. Menschlich gesehen hatte er allen Grund, verbittert und zynisch zu sein. Dennoch ließ er sich im Jahr 1949 von seiner Frau überreden, unsere sechs Wochen dauernde Evangelisation in Los Angeles zu besuchen. Am zweiten Abend hatte er eigentlich vorgehabt, die Veranstaltung kurz vor dem Aufruf zur Bekehrung zu verlassen, doch genau in diesem Moment berührte ihn der Heilige Geist, und statt in Richtung Ausgang lenkte er seine Schritte den Gang hinunter in einen Gebetsraum, wo er von seinen Sünden umkehrte und sein Leben Jesus Christus anvertraute.

Er sagte: „Billy, innerhalb weniger Augenblicke war mein Leben für immer verändert. Seit diesem Abend hatte ich nie wieder einen Albtraum von meiner Gefangenschaft. Jesus hat mich völlig verändert."

Was nach seiner Entscheidung für Jesus in Louis' Leben passierte, ist absolut begeisternd. Ich musste ihn zunächst ein wenig drängen, mir einmal alles zu erzählen, was seitdem in seinem Leben passiert war, aber dann berichtete er mir voller Dankbarkeit, wie Jesus ihn gebraucht hatte und wie er ihn selbst jetzt, im Alter von 94 Jahren, noch immer gebrauchte.

Louis ist eine dieser nachtblühenden Säulenkakteen. Er dient Jesus nach wie vor und investiert die Früchte seiner Erfahrungen in das Leben anderer Menschen. Manche von ihnen sind in seinem Alter, aber vor allem sind es Kinder, die im Schulunterricht die erstaunliche Geschichte von seiner Gefangennahme und seiner Befreiung hören. Louis' Lebensbericht und das Wort Gottes geben allen Generationen neue Hoffnung, denn in der Bibel heißt es: „… dein Wort ist meine einzige Hoffnung" (Psalm 119,114).

Ich wünschte, jeder hätte einmal die Gelegenheit, sich mit jemandem wie Louis Zamperini zu unterhalten. Er ist eine Inspiration. Nicht jeder hat eine solche Geschichte zu erzählen wie Louis, aber können wir darüber nicht froh sein? Als Louis in Kriegsgefangenschaft war, glaubte er nicht daran, dass er das Rentenalter überhaupt erreichen würde. Aufgrund der brutalen Behandlung, der er ausgesetzt war, und der äußerst mangelhaften Ernährung war sein Körper bald völlig ausgezehrt. Viele von uns kennen diesen Zustand als eine Begleiterscheinung des Alters, aber nur wenige machen diese Erfahrungen bereits im Alter von 28 Jahren.

Wenn Sie unter Gebrechen und Schmerzen leiden, denken Sie an Louis und die vielen anderen, die im Dienst für ihr Vaterland unerträgliche Qualen erlitten haben. Denken Sie an die Apostel und andere Christen jener Zeit, die auf dem Scheiterhaufen verbrannt oder enthauptet wurden, weil sie Jesus Christus die Treue hielten. Tun Sie es diesen Männern gleich und finden Sie eine Möglichkeit, wie Sie Ihre schwierige

Situation dafür nutzen können, anderen den Weg zu Jesus zu weisen. Und dann denken Sie an Jesus, der unsere Schuld auf sich nahm, um uns aus der Gefangenschaft der Sünde zu befreien. Was für ein Vorrecht, auf so vielerlei Weise gesegnet zu sein und in allen Umständen den Trost Jesu zu empfangen! Manche von uns mögen bettlägerig oder an den Rollstuhl gefesselt sein, aber wir haben immer noch wichtige Aufgaben zu erledigen.

Es würde den Rahmen dieses Buchs sprengen, die Geschichten all der Menschen zu erzählen, die meinen Dienst zum Teil über sechzig Jahre hinweg großzügig unterstützt haben. Ich habe viel von ihnen gelernt, wenn ich mitbekam, mit welcher Hingabe sie für das Wirken Gottes beten. Eine junge Frau erzählte mir einmal, dass ihre gelähmte Großmutter bis zu ihrem Tod für unser Evangelisationsteam betete. Damit sie keinen vergaß, hatte sie unsere Namen in ihre Bibel geschrieben. Das machte mich zutiefst demütig.

Was für eine Lektion, die wir von dieser treuen Beterin lernen können! Möge Gott uns davor bewahren, dass wir jemals aufhören, das zu tun, was unsere Seele am meisten erquickt – zu beten!

Der Ruhestand: Die zwei Möglichkeiten

Allen, die bereits im Ruhestand sind und sich noch guter Gesundheit erfreuen, stehen viele Möglichkeiten offen. Wir sollten immer in der Erwartung leben, dass Jesus uns neue Aspekte seiner Pläne offenbart. Nur weil wir Rentner sind, bedeutet das nicht, dass unsere Arbeit getan ist. Im Gegenteil, der Ruhestand gibt uns mehr Zeit, für Gott zu wirken und anderen im Namen Jesu zu dienen.

Ich kenne viele Menschen, die aus den verschiedensten Gründen aufgehört haben zu arbeiten. Einer von ihnen ist mein Freund Mel Cheatham, einer der angesehensten Neurochirurgen der Welt. Er besaß eine stark frequentierte Privatpraxis in Kalifornien und hatte gleichzeitig eine Professur für Neurochirurgie an der UCLA, der University of California in Los Angeles, inne. Er genoss hohes Ansehen bei seinen Kollegen, denn er entwickelte neue Operationstechniken, schrieb viele Artikel für verschiedene medizinische Zeitschriften und wurde vom Landesberufsverband zum Leiter seines Fachgebiets ernannt. Als er jedoch auf dem Höhepunkt seiner Karriere angelangt war, zog er sich aus dem Berufsleben zurück und ging in den vorzeitigen Ruhestand.

„Die meisten meiner Kollegen glauben, dass ich mich komplett zur Ruhe gesetzt habe", sagte er mir einige Jahre später, „aber in Wirklichkeit war ich nie aktiver. Sie verstehen nicht, dass ich mich ausschließlich deshalb aus dem Berufsleben zurückgezogen habe, weil ich spürte, dass Gott mich dazu berief, meine Erfahrungen auf eine ganz neue Weise zu nutzen. Ich erlebe gerade die aufregendsten Jahre meines Lebens."

Jetzt reist er durch die ganze Welt und schult das Personal von Krankenstationen und Kliniken in weniger entwickelten Ländern, wie sie ihre Patienten effektiver behandeln können. Er schreibt regelmäßig Artikel, in denen er über seine Erfahrungen nach seinem Austritt aus dem Berufsleben berichtet und Ärzte und andere medizinische Fachkräfte dazu aufruft, sich ehrenamtlich für Bedürftige zu engagieren. Ein großer Teil seiner Arbeit wird von Samaritan's Purse getragen, einem christlichen Hilfs- und Evangelisationswerk, dessen Leitung mein Sohn Franklin innehat.

Ganz anders lautet die Geschichte, die ich vor einigen Jahren von einem anderen Mann hörte. Er war ein cleverer Geschäftsmann, der beeindruckende Erfolge vorzuweisen hatte. In seinen frühen Fünfzigern wurde er von einer großen, aber derzeit angeschlagenen Firma als Geschäftsführer angeworben. Innerhalb weniger Jahre führte er diese Firma aus ihrer Misere heraus und wendete damit nicht nur ihr Schicksal, sondern leitete darüber hinaus ihre Expansion in mehrere andere Länder in die Wege. In Wirtschaftsmagazinen wurde regelmäßig über seinen Erfolg berichtet, und sein Rat in wirtschaftlichen Fragen war bei Unternehmensgruppen wie Behörden sehr geschätzt. Gemäß den Regelungen seiner Firma ging er im Alter von achtundsechzig Jahren in den Ruhestand. Anschließend stellte er sich noch für kurze Zeit dem neuen Firmendirektor zur Verfügung, um ihn in die Geschäfte einzuweisen, aber am aktuellen Geschehen war er nicht mehr beteiligt.

„Ich war auf den Ruhestand überhaupt nicht vorbereitet", bekannte er später, „denn ich war immer viel zu beschäftigt, um irgendwelche Hobbys zu betreiben. Gelegentlich spielte ich ein paar Runden Golf, aber selbst diese hatten immer einen geschäftlichen Hintergrund. Die Firma war mein Leben, aber nachdem ich dann endgültig ausgeschieden war, riefen sie mich noch nicht einmal mehr an. Anschließend zogen wir um, und ich beschäftigte mich etwa ein Jahr lang damit, unser Traumhaus zu bauen. Aber als ich damit fertig war, wusste ich wieder nicht, was ich mit meiner Zeit anfangen sollte. Jetzt spiele ich fast jeden Tag Golf, nicht weil mich das Golfspiel so sehr begeistert, sondern weil ich keine bessere Idee habe, was ich tun könnte. Meine Frau sagt, ich sei deprimiert, aber sie versteht nicht, wie nutzlos ich mich fühle. Ich hasse es, im Ruhestand zu sein."

Wahrscheinlich sind Sie weder ein hoch qualifizierter Neurochirurg noch ein Geschäftsmann der oberen Führungsetage. Das sind nur wenige von uns. Aber der Gegensatz zwischen diesen beiden Menschen lässt uns zu einer Erkenntnis gelangen, die für uns alle sehr wichtig ist: Die beste Zeit, um uns auf unseren Ruhestand vorzubereiten, ist, bevor er beginnt. Aber noch wichtiger ist es für uns zu wissen, dass wir zwei Möglichkeiten haben, unseren Lebensabend zu verbringen, ganz gleich, wer oder was wir sind: Wir können uns entweder zurücklehnen und die Füße hochlegen oder aber darauf hinwirken, das Leben anderer positiv zu beeinflussen. In anderen Worten, wir haben die Wahl zwischen einem egozentrischen Leben und bedeutungsvoller Aktivität.

Nehmen wir nur einmal den Geschäftsmann, den ich oben beschrieben habe, als Beispiel. Ich bin mir ziemlich sicher, dass er mindestens einem Dutzend gemeinnütziger Einrichtungen in seiner Nähe mit seinem wirtschaftlichen Fachwissen hätte helfen können, effektiver zu arbeiten. Sie wären begeistert gewesen, ihn als ehrenamtlichen Berater zu haben, doch er bot es ihnen nie an.

Legen Sie Ihr Ziel fest

Will ich damit nun sagen, dass es falsch ist, sich in den Jahren seines Ruhestands zu entspannen und sein Leben zu genießen? Nein, ganz und gar nicht. Das würde bedeuten, dass es Gott missfällt, wenn wir all das Gute genießen, das er uns schenkt. Das ist sicher nicht der Fall. Der Verfasser des Buches Prediger schrieb: „Wenn ein Mensch viele Jahre lebt, so soll er sich über jeden einzelnen Tag seines Lebens freuen ..." (Prediger 11,8). Der Apostel Paulus wiederholte das Gebot aus dem Alten Testament, dass Kinder ihre Eltern ehren sollen und fügte noch hinzu: Dann „wird es dir gut gehen und du wirst ein langes Leben haben" (Epheser 6,3).

Gott weiß, dass wir Ruhe, Bewegung und Entspannung brauchen. Deshalb sagte Jesus auch nach einer sehr anstrengenden Zeit in ihrem Dienst zu seinen Jüngern: „Kommt, wir ziehen uns an einen einsamen Ort zurück, wo ihr euch ausruhen könnt" (Markus 6,31).

Aber wenn das alles ist, was wir tun – wenn unser einziges Ziel für unseren Lebensabend darin besteht, eine möglichst gute Zeit zu haben und das Leben zu genießen –, haben wir uns vielleicht blenden lassen und uns einer leeren, bedeutungslosen Beschäftigung verschrieben. Und damit nicht genug, dann haben wir eine der grundlegenden Wahrheiten der Bibel vergessen, nämlich dass uns jeder Tag, ohne Ausnahme, von Gott geschenkt wurde, damit wir ihn zu seiner Ehre nutzen. Das gilt für die Jahre unserer Berufstätigkeit ebenso wie für unseren Ruhestand.

Finden Sie den Schlüssel

Was ist nun der Schlüssel für einen erfolgreichen Ruhestand? Sehen Sie Ihren Ruhestand als ein Geschenk Gottes an. Der Ruhestand ist nicht nur etwas, das eintritt, wenn Sie lange genug leben, und er ist auch keine Belohnung für all die Jahre, in denen Sie hart gearbeitet haben. Er ist ein Geschenk Gottes. Wenn Sie das verstanden haben, werden Sie Ihren Ruhestand anders angehen.

Gott hat uns diese Jahre geschenkt, ganz gleich, wie wenige oder wie viele es am Ende sein werden, damit wir seinen Willen tun können. Paulus' Ermahnung gilt für jeden Christen: „Er [Christus] starb für alle, damit diejenigen, die sein neues Leben erhalten, nicht länger für sich selbst leben. Sie sollen vielmehr für Christus leben, der für sie starb und auferstanden ist" (2. Korinther 5,15).

Aber gleichzeitig ist Gottes Wille sehr spezifisch und individuell auf jeden Menschen zugeschnitten. Sein Plan für Ihren Ruhestand ist nicht derselbe wie der für einen anderen. Bedenken Sie: Er weiß alles über Sie. Er weiß, was Sie tun können und was nicht. Er kennt Ihre Gaben und Fähigkeiten, denn schließlich hat er sie Ihnen geschenkt. Er weiß auch, welche Möglichkeiten Sie haben, für ihn zu wirken. Darüber hinaus kennt er Ihre Bedürfnisse und Ihre Grenzen in diesem Abschnitt Ihres Lebens, und er will Ihnen helfen, damit zurechtzukommen.

Deshalb lauten die Fragen, die wir uns stellen müssen: Werden wir Gottes Plan für unseren Lebensabend suchen? Oder werden wir in dem Glauben, wir seien zu nichts mehr nütze, ziellos umherdriften und den Rest unserer Tage damit verbringen, dem Leben so viel Freude wie möglich abzuringen? Natürlich kann es sein, dass sich sein Plan für uns gemeinsam mit unseren Umständen im Laufe der Jahre ändert, aber ganz gleich, wie weit wir auf dem Weg des Lebens bereits fortgeschritten sind, sollte es unser beständiges Ziel sein, Gottes Weisung für das zu suchen, was noch vor uns liegt. Bedenken Sie: Sein Weg ist immer der beste.

Vielleicht überlegen Sie gerade, ob die Zeit für Ihren Ruhestand bereits gekommen ist, vielleicht haben Sie auch schon vor ein paar Jahren aufgehört zu arbeiten. Aber wie immer Ihre derzeitige Situation auch aussieht – suchen Sie Gottes Willen für Ihre Zukunft. Beten Sie darüber, holen Sie sich weisen Rat von anderen, lesen Sie in Gottes Wort, um seine Weisung zu empfangen und vertrauen Sie darauf, dass er Sie anleitet. Vielleicht weicht sein Wille für Ihren Lebensabend gar nicht allzu sehr davon ab, was Sie sich selbst vorgestellt haben, oder aber er führt sie in eine ganz neue, unerwartete Richtung.

Doch wie auch immer das Ergebnis aussieht, machen Sie sich Gottes Willen für Ihren Lebensabend zur Priorität. Dann werden Sie auf Ihr Leben zurückblicken und wie König David sagen können: „Das Land, das du mir geschenkt hast, ist ein schönes Land und ein wunderbarer Besitz!" (Psalm 16,6).

Ertragen Sie das Unerwartete

Haben Sie schon einmal die Redensart gehört: „Wenn sich eine Tür schließt, öffnet sich eine andere"? Darin liegt viel Wahrheit. Die Billy Graham Evangelistic Association hat ein Seelsorgeprogramm, das sich Rapid Response Team (RRT) nennt. Wir arbeiten schon immer mit christlichen Seelsorgern auf der ganzen Welt zusammen, aber nach den furchtbaren Ereignissen des 11. September 2001 stieg der Bedarf an Seelsorgern sprunghaft an. Mein Sohn Franklin flog nach New York, um zu sehen, wie die von ihm geleitete Organisation Samaritan's Purse am Ort des Geschehens helfen konnte. Wie er feststellte, wurden vor allem Seelsorger gebraucht.

Bis ins Mark erschüttert von dem verheerenden Angriff, irrten die Menschen durch die Straßen, die einst um die Twin Towers (World Trade Center) herumgeführt hatten. Manche schluchzten, andere blickten völlig benommen in den Himmel, einige liefen mit Namensschildern und Bildern ihrer noch vermissten Lieben und Freunde ziellos durch die Gegend. Sie alle hatten eines gemeinsam: Sie sahen verloren aus.

Es war keine leichte Aufgabe, auf Ground Zero vorzudringen, aber Franklin rief Pastoren und Bibelschüler an und bat sie, zu kommen und den Menschen geistlichen Beistand zu leisten. Wir waren überwältigt, wie viele Menschen spontan ihre Hilfe zusagten und das Geschick und das Herz bewiesen, anderen in solch schweren Stunden zur Seite zu stehen.

Franklin hatte nach diesem einschneidenden Ereignis die Vision, Gruppen von Seelsorgern auszubilden, die bereit waren, im Falle einer Katastrophe stehenden Fußes in andere Teile des Landes oder der Welt zu reisen. Viele dieser Freiwilligen sind bereits im Ruhestand – Männer und Frauen, die sich um die Bedürftigen kümmern und ihnen anhand der Bibel zeigen wollen, dass es in Jesus Christus auch in den Zeiten größter Verzweiflung noch Hoffnung gibt. Durch ihren Beistand haben bereits viele ihr Leben Jesus anvertraut, und andere, die schon Christen waren, wurden durch Gebete mit den Seelsorgern ermutigt und getröstet.

Ein Mann, der sein ganzes Leben lang Bauarbeiter gewesen war, sagte: „Ich glaubte, mein Leben sei vorüber, als ich aufgrund eines Rückenleidens gezwungen war, vorzeitig in den Ruhestand zu gehen. Ich hätte mir nie träumen lassen, dass Gott mich damit beauftragen würde, Menschen zu helfen, die größere Probleme haben als ich, indem ich mit ihnen und für sie bete. Wenn ich jetzt durch die Trümmerhaufen gehe, die ein Tornado hinterlassen hat, erinnert mich das daran, wie ich jahrelang Baustellen von Schutt befreite. Jetzt kann ich Menschen helfen, geistige Freiheit und Klarheit zu erlangen, indem ich ihnen Hilfen aus dem Wort Gottes weitergebe. Mein Leben war noch nie so erfüllt."

Ehrenamtliche Dienste sind in den vergangenen Jahrzehnten immer beliebter geworden. Manche Firmen verlangen sogar von ihren Angestellten, eine bestimmte Anzahl von Stunden pro Jahr einer ehrenamtlichen Tätigkeit zu widmen. Aber natürlich ist der aufrichtige Wunsch, anderen Menschen zu helfen, eine bessere Motivation als die reine Pflichterfüllung.

Samaritan's Purse hat in diesem Bereich mittlerweile eine führende Rolle übernommen. Die Organisation bietet Menschen aus verschiedenen Gesellschaftsschichten zahlreiche Möglichkeiten, andere zu unterstützen. Es gibt bewegende Geschichten von Ärzten, die ihre lukrative Praxis vorübergehend schlossen, um einem Missionsarzt in einem unterentwickelten Land einige Wochen zur Seite zu stehen.

Viele Tausend Menschen füllen jedes Jahr Schuhkartons mit Geschenken für Kinder, die dann durch die Organisation Weihnachten im Schuhkarton verschickt werden. Einen ganz besonderen Beitrag leistet hier ein pensioniertes Ehepaar aus dem Norden der USA, das beschloss, jeden November und Dezember in North Carolina zu verbringen und in der dortigen Lagerhalle mitzuhelfen, die Kartons für den Versand nach Übersee fertigzumachen. Während dieser Zeit übernachten sie in ihrem Wohnmobil, das sie ganz in der Nähe geparkt haben, damit sie morgens gleich wieder mit der Arbeit beginnen können. Sie sagen: „So lange Gott uns die Kraft dafür schenkt, wollen wir unsere Zeit dafür nutzen, Gutes zu tun. Wir werden über die Maßen dafür gesegnet."

Andere nutzen die Zeit ihres Ruhestandes, um mehr über die Bibel zu erfahren. Eine ältere Dame, die in *The Cove* ein Bibelstudium absolvierte, sagte mir: „Ich habe mich nie kompetent gefühlt, mit anderen über Jesus zu reden. Aber hier habe ich Menschen getroffen, denen es genauso geht, und ich habe viel über die Bibel gelernt. Das gibt mir den Mut, andere zu lehren. Wenn ich nicht aufgehört hätte zu arbeiten, hätte ich diese Chance nie genutzt."

Ich will Sie ermutigen zu beten und Gott zu bitten, dass er Ihnen zeigt, was Sie in Ihrem neuen Lebensabschnitt mit Ihrer Zeit und Ihren Talenten tun können. Engagieren Sie sich in Ihrer örtlichen Gemeinde und anderen Diensten, wo Menschen zu Jesus geführt werden. Dadurch werden Sie wachsen und selbst zu einem tieferen Glauben gelangen. Nehmen Sie sich zu Herzen, was Petrus kurz vor dem Ende seines Lebens schrieb: „Wachst aber in der Gnade und Erkenntnis unseres Herrn und Retters Jesus Christus!" (2. Petrus 3,18). Wenn Sie das tun, helfen Sie anderen, dasselbe zu tun.

Aber was auch immer Sie unternehmen, sorgen Sie dafür, dass Ihr Verstand und Ihr Körper beansprucht werden. Geben Sie der Faulheit oder der Langeweile keine Chance, in Ihrer Seele Wurzeln zu schlagen. Der Teufel hat seine helle Freude an Menschen, die faul oder gelangweilt sind, weil er weiß, dass sie für Versuchungen oder Entmutigung viel anfälliger sind als Menschen, die lohnenden Beschäftigungen nachgehen. Denken Sie an die Ermahnung in der Bibel: „… und gebt dem Teufel keinen Raum!" (Epheser 4,27; ELB).

Wir haben immer noch Möglichkeiten

Vielleicht sagen Sie jetzt: „Was Sie vorschlagen, mag für andere eine gute Idee sein, aber ich habe diese Möglichkeiten nicht. Ich habe so viele Probleme, mit denen ich mich herumschlagen muss, dass ich mich um nichts anderes mehr kümmern kann, und das wird sich sicher auch nicht ändern."

Wir wissen nie, was die Zukunft für uns bereithält, aber Gott weiß es. Deshalb drängte Jesus uns dazu, nicht aus Furcht vor der Zukunft in Regungslosigkeit zu verfallen, sondern unser Leben in Gottes Hand zu legen: „Können all eure Sorgen euer Leben auch nur um einen einzigen Augenblick verlängern? ... Wenn ihr für ihn lebt und das Reich Gottes zu eurem wichtigsten Anliegen macht, wird er euch jeden Tag geben, was ihr braucht" (Matthäus 6,27.33).

Ich denke oft an meinen Schwiegervater, Dr. L. Nelson Bell. 25 Jahre lang dienten er und seine Frau Virginia in China als medizinische Missionare. Meine Frau Ruth wurde in China geboren und wuchs auch dort auf. Er war einer der aktivsten Menschen, die ich je kennengelernt habe – und einer der hingebungsvollsten.

Eine meiner lebendigsten Erinnerungen an Dr. Bell ist die liebevolle Fürsorge, mit der er sich um seine Frau kümmerte, nachdem sie mehrere Schlaganfälle erlitten hatte. Sie war teilweise gelähmt und an den Rollstuhl gefesselt und musste fast rund um die Uhr gepflegt werden. Die logische Konsequenz wäre gewesen, sie in einem Pflegeheim unterzubringen, aber das lehnte er ab. Stattdessen gab er fast alle seine Verpflichtungen auf und widmete sich ganz der Aufgabe, seine geliebte Virginia zu pflegen. Wenn ihn jemand auf diese Entscheidung ansprach, erwiderte er schlicht: „Das ist jetzt meine Bestimmung."

Eines Tages werden Sie vielleicht nicht mehr in der Lage sein, alles zu tun, was Sie einmal getan haben oder was Sie gern tun würden. Aber statt sich dann schuldig zu fühlen oder frustriert oder verbittert zu sein, sollten Sie Gott für alles danken, was Sie noch tun können – und es sich zum Ziel machen, diese Dinge treu und so gut wie möglich auszuführen. Widmen Sie Ihre Zeit – und sich selbst – Jesus Christus und streben Sie danach, seinen Willen zu tun, ganz gleich, was in Ihrem Leben passiert.

Mit Hoffnung auf das Ziel zu

Genau dieses Prinzip erklärte Jesus auch Petrus, kurz bevor er in den Himmel auffuhr. Dieser Wortwechsel zwischen Petrus und Jesus ist zwar sehr liebevoll, gleichzeitig ist er jedoch einer der unverblümtesten des ganzen Evangeliums. Jesus fragte Petrus: „Liebst du mich?" Petrus antwortete: „Ja, Herr, du weißt, dass ich dich lieb habe." Jesus sagte zu ihm: „Dann hüte meine Schafe. ... Ich versichere dir: Als du jung warst, konntest du tun, was du wolltest, und hingehen, wo es dir gefiel. Doch wenn du alt bist, wirst du deine Hände ausstrecken, und ein anderer wird dich führen und hinbringen, wo du nicht hingehen willst" (siehe Johannes 21,16-18).

Jesus sagte Petrus' Tod voraus, der etwa vierzig Jahre später eintrat. In der Erinnerung an diese Unterhaltung schrieb Petrus: „Ja, ich glaube, dass es meine Pflicht ist, euch daran zu erinnern, solange ich lebe. Doch Jesus Christus, der Herr, hat mir gezeigt, dass meine Tage hier auf Erden gezählt sind und dass ich bald sterben werde. Deshalb bemühe ich mich, euch dies alles noch einmal klar vor Augen zu führen, damit ihr euch noch daran erinnert, wenn ich schon längst nicht mehr bei euch bin" (2. Petrus 1,13-15).

Angesichts eines brutalen Todes tat dieser alte und treue Jünger Jesu, was Christus geboten hatte: Er kümmerte sich um andere. Während Petrus sich darauf vorbereitete, dass sein Leben auf der Erde zu Ende ging, hörte er nicht auf, andere daran zu erinnern, was sie auch nach seinem Tod noch im Gedächtnis behalten sollten. Was genau war das? Petrus hatte ihnen gerade gesagt: „Strengt euch deshalb an, diese Zusagen Gottes in eurem Glauben zu leben. Dann zeigt sich euer Glaube durch ein vorbildliches Leben. Ein vorbildliches Leben aber führt zur tieferen Erkenntnis Gottes. Aus der Erkenntnis Gottes folgt Selbstbeherrschung. Aus der Selbstbeherrschung wächst Geduld und aus der Geduld ein Leben im Glauben zur Ehre Gottes. Aus der Ehrfurcht vor Gott entspringt die Liebe zu den Gläubigen, und aus dieser schließlich die Liebe zu allen Menschen. Je mehr ihr in dieser Hinsicht vorankommt, desto mehr werdet ihr mithilfe der Erkenntnis von Jesus Christus, unserem Herrn, ein sinnvolles, auf andere ausstrahlendes Leben führen" (2. Petrus 1,5-8).

Petrus aalte sich nicht im Selbstmitleid, sondern tauchte ganz und gar ein in „die Erkenntnis von Jesus Christus, unserem Herrn". Diese Formulierung kommt in den sieben kurzen Kapiteln des 1. und 2. Petrusbriefes viele Male vor.

Vielleicht sind Sie ein älterer, aber noch sehr aktiver Erwachsener, oder Sie werden womöglich von Schmerzen geplagt oder sind sogar ans Bett gefesselt. Doch auch dann können Sie noch immer ein fruchtbarer Diener Gottes sein, indem Sie Ihren Sinn mit der Erkenntnis von Jesus Christus füllen und Ihren Mitmenschen Hoffnung geben, wie Petrus es tat: „Wir aber erwarten den neuen Himmel und die neue Erde, die er versprochen hat. Dort wird Gottes Gerechtigkeit herrschen. ... darum, liebe Freunde ... Wachst aber in der Gnade und Erkenntnis unseres Herrn und Retters Jesus Christus!" (2. Petrus 3,13.14.18).

Die goldenen Jahre

*Ich bin nun alt geworden ..., und ich weiß nicht,
wie lange ich noch zu leben habe.*
1. Mose 27,2

*Schmieden Sie Pläne für die goldenen Jahre.
Sie werden sie vielleicht erleben.*
Verfasser unbekannt

Der Begriff „goldene Jahre" muss von der Jugend geprägt worden sein. Es ist sehr unwahrscheinlich, dass jemand über siebzig diese Phase des Lebens mit solch symbolträchtigen Worten beschrieben haben soll. Vielleicht hat sich irgendeine mitfühlende Seele diese positive Bezeichnung ausgedacht, um den Schmerz der Realität zu lindern. Schließlich verknüpfen wir mit dem Gedanken an Gold viele prachtvolle, aber auch trügerische Vorstellungen. Die Aufforderung: „Investieren Sie in Gold" hören wir heute oft. Die „goldene Regel" wird von vielen befürwortet, aber von wenigen befolgt, während diejenigen, die tatsächlich danach leben, auch daran glauben, dass Schweigen Gold ist.

Warum also werden die goldenen Jahre den Alten zugeschrieben? Vielleicht liegt es daran, dass die Paare, die das Glück haben, ihre goldene Hochzeit feiern zu können, oft in den Siebzigern oder älter sind. Ich erinnere mich noch daran, wie Ruth und ich 1993 unsere goldene Hochzeit feierten. Sie war ziemlich stolz, dass sie noch in ihr Hochzeitskleid passte, das sie als junge Braut genäht hatte. Ich war einfach nur stolz, immer noch neben ihr zu stehen.

In der Bibel taucht Gold das erste Mal auf, als das Land, das den Garten Eden umgibt, beschrieben wird (siehe 1. Mose 2,11-12). Kein Metall wird in der Bibel öfter genannt als Gold, und Gott sagt: „... das Gold gehört mir ..." (Haggai 2,8). Obwohl ihm ein hoher Wert beigemessen wurde, benutzte man es auf vielerlei Weise: für Tassen und Kronen, für Schilde und Glocken, für Gefäße und Zepter, für Altäre und Throne, für Türscharniere bis hin zu Straßen. In der Bibel ist die Rede von auserlesenem Gold, kostbarem Gold, feinem Gold, vollkommenem Gold, Fäden aus Gold, Gewichten aus Gold, Talenten aus Gold, purem Gold, Goldstaub, Cherubim aus Gold und sogar Mäusen aus Gold (siehe 1. Samuel 6).

Aber Gold wurde nicht nur für göttliche Zwecke verwendet. Manche schmolzen das kostbare Metall ein, um sich Götzen, Götter nach ihren eigenen Vorstellungen, daraus zu formen. Sie waren so unklug, das Gold mehr zu schätzen als Gott.

Die Lehre der Bibel besagt, dass Eigenschaften wie Weisheit, Erkenntnis, ein guter Ruf und Glaube wertvoller sind als Gold:

Ich, die Weisheit, bin verwandt mit der Klugheit.
Ich weiß, wo ich guten Rat finde.
Ich gebe guten Rat und kann helfen.
Ich habe Einsicht und Stärke.

*... und wer mich sucht, findet mich.
Ich biete euch Reichtum, Ehre,
bleibenden Besitz und Gerechtigkeit.
Meine Gaben sind kostbarer als feinstes Gold ...*
Sprüche 8,12.14.17-19

Hier sehen wir, dass Gott Weisheit und Erkenntnis, einem guten Ruf und Glauben einen höheren Wert beimisst als Gold. Das sind nur einige der vielen Eigenschaften Gottes, und er bietet sie denjenigen an, die für ihn leben. „Denn Weisheit ist wertvoller als Edelsteine, und alles, was du dir jemals wünschen könntest ..." (Sprüche 8,11). In Sprüche 16,16 wird betont, wie viel besser es ist, Weisheit zu erwerben als Gold:

Es gibt Gold und viele Korallen; aber ein kostbarer Schmuck sind Lippen der Erkenntnis.
Sprüche 20,15; ELB

*Gib dem guten Ruf den Vorzug vor Reichtum,
denn die Anerkennung der Menschen ist besser als
Silber oder Gold.
Reiche und Arme haben eines gemeinsam:
Der Herr hat beide geschaffen.*
Sprüche 22,1-2

*... euer Glaube ist Gott sehr viel kostbarer
als bloßes Gold.*
1. Petrus 1,7

Planen Sie Ihre Zukunft

Vielleicht fragen Sie jetzt: „Was hat das nun mit der Planung für mein Alter zu tun?" Die Dinge, die wir während der Blütezeit unseres Lebens schätzen, werden uns auch in unseren Lebensabend hinein begleiten. Wenn wir klug sind und dem Glauben an Jesus Christus einen hohen Wert beimessen, wird er uns Kraft geben, wenn wir älter werden. Wenn wir unsere Familienmitglieder schätzen und ihnen Liebe und Verständnis entgegenbringen, werden wir wahrscheinlich auch später eine gute Gemeinschaft mit ihnen genießen können. Wenn wir die goldene Regel praktizieren und andere so lieben wie uns selbst, erfreuen wir Gott.

Kurz vor dem wirtschaftlichen Abschwung im Jahr 2008 berichtete ein erfolgreicher Geschäftsmann in den Vierzigern stolz von seinen Börsengewinnen in Höhe von mehreren Millionen Dollar. „Es war so begeisternd zu sehen, wie mein Traum Wirklichkeit wird", sagte er. Einige Zeit später erzählte man sich, dass seine Frau ihn verlassen hatte und sein Sohn im Teenageralter im Gefängnis saß, weil er sein großzügig bemessenes Taschengeld in Alkohol und Drogen umgesetzt hatte.

Viele Menschen haben ein gutes Gespür, wenn es um wirtschaftliche Investitionen geht, aber dabei versäumen sie es, Zeit und Interesse in die Menschen zu investieren, die in ihrem Leben die wichtigste Rolle spielen: ihren Ehepartner und ihre Kinder.

Das trifft sicher nicht auf alle Menschen zu, die in ihrem Beruf erfolgreich sind, aber diese Geschichte soll als Warnung dienen. Auf jeder Stufe des Lebens gibt es vieles zu bedenken. Wir lehren die jungen Menschen, sich gut auf ihre Zukunft vorzubereiten, indem sie in der Schule gute Leistungen erbringen und ihre Möglichkeiten ausschöpfen, um ein solides Fundament für ihr späteres Leben als Erwachsene aufzubauen. Eltern arbeiten hart, um ihren Kindern eine gute Ausbildung zu ermöglichen. Ehepaare versuchen, sich für ihr Rentenalter abzusichern und klug zu investieren. Sogar ältere Bürger beschreiten bei der Planung für ihr Alter ganz neue Wege, denn die goldenen Regeln für die Menschen im goldenen Alter haben sich in den vergangenen Jahren drastisch verändert.

Aufgrund der Turbulenzen auf dem Börsenmarkt haben die Ersparnisse der meisten Menschen viel von ihrem Wert verloren. Diejenigen, die kurz vor dem Austritt aus dem Berufsleben standen und auf ihre Rente, auf steuerlich begünstigte Betriebsrenten und Investmentfonds gebaut hatten, waren gezwungen, dieses Konzept nochmals gründlich zu überdenken. Viele von ihnen haben daraufhin eine ganz neue Richtung eingeschlagen. Die Vorsorge für das Rentenalter und die nötigen Vorkehrungen, die ein Mensch vor seinem Ableben treffen sollte, sind sehr umfangreich geworden, und wir tun gut daran, uns rechtzeitig und verantwortungsvoll um die Dinge zu kümmern, die sich im Vorfeld regeln lassen.

In 1. Mose 27 lesen wir, wie sich Israels Patriarch Isaak auf seinen Tod vorbereitet. Er glaubt, dass sein Ende nahe ist und beabsichtigt, den größten Teil seines Besitzes seinem ältesten Sohn Esau zu vermachen, wie der Brauch es verlangt. Leider wird sein Plan von zwei Dingen durchkreuzt: Zum einen von der Gerissenheit seiner Frau und seines anderen Sohnes Jakob und zum anderen von seinen vom Alter getrübten Sinnen. So segnet Isaak versehentlich seinen Sohn Jakob, was bedeutet, dass der rechtmäßige Erbe leer ausgeht.

Was mich an diesem Abschnitt fasziniert, ist die Tatsache, dass es wirklich Isaaks Anliegen ist, andere, nämlich seine zwei Söhne, auf seinen Tod vorzubereiten. Aber die Sache läuft gründlich schief. Aus diesem biblischen Ereignis kann man viele Lektionen lernen, doch eine davon lautet, dass Isaak zu diesem Zeitpunkt bereits zu alt war, um sicherstellen zu können, dass seine letzten Wünsche ordnungsgemäß ausgeführt werden. Das führte zu großer Unruhe in seiner Familie.

Auch wenn sich niemand gern mit dem Tod beschäftigt, geschweige denn sich darauf vorbereitet, wird in der Bibel betont, wie wichtig das ist. Kürzlich wurde in einer beliebten Talkrunde im Radio eine Ärztin über den Tod und die dafür notwendigen finanziellen Vorbereitungen interviewt. Sie traf eine erschreckende Aussage: „Wir sind nicht dafür geschaffen, den Tod zu erfahren. Der Tod ist hässlich." Ich wünschte, ich könnte ihr den Bibelvers zeigen, in dem es heißt: „Der Tod wurde verschlungen vom Sieg" (1. Korinther 15,54).

In der Bibel wird nahezu tausend Mal auf vielerlei Weise auf den Tod und das Sterben Bezug genommen. Aber dennoch bleibt die Bibel ein Buch voller Hoffnung. Zwischen den zwei Buchdeckeln finden wir das Leben – zwischen Geburt und Tod. Eines Tages wird Jesus wiederkommen und seine Gemeinde zu sich holen, aber bis dahin wird es für jede Geburt einen Tod geben. Die Zeit unseres Lebens mag unterschiedlich lang bemessen sein, aber letztendlich wird der Tod uns alle ereilen. Doch wir Christen empfangen Hoffnung und Trost aus Gottes Wort, wo es heißt: „Gesegnet sind die, die von nun an im Herrn sterben" (Offenbarung 14,13).

Wenn ein Kind geboren wird, können seine Eltern nichts tun, um es auf das Leben vorzubereiten, denn das Kind hat den Lebensatem bereits in sich. Worauf sie es jedoch vorbereiten können und müssen, sind die Erfahrungen, die das Leben mit sich bringt: Enttäuschungen und Freude, Niederlagen und Siege, Tod und ewiges Leben. Welche Eltern, die an Christus glauben, würden nicht dafür sorgen wollen, dass ihr Kind den Kreislauf des Lebens und die Hoffnung auf ein Leben nach dem Tod versteht?

Als Sohn eines Farmers erlebte ich diesen Kreislauf hautnah mit, so lange ich denken kann. Jedes Mal, wenn auf der Farm ein Tier starb, gab mir das eine Lektion zu lernen. Aber um wie viel wichtiger ist die menschliche Seele? In der heutigen Zeit schirmen viele Eltern ihre Kinder von allem ab, was ihnen Kummer bereiten könnte. Aber das kann die Entwicklung eines Kindes hemmen und emotionale Traumata verursachen. Wenn diese stets behüteten Kinder erwachsen werden, sind sie oft nicht in der Lage, mit dem Unvermeidlichen umzugehen, weil sie ihm nie ausgesetzt waren. Als mein Golden Retriever Sam letztes Jahr starb, erinnerte ich mich daran, wie meine Kinder jedes Mal, wenn eines ihrer geliebten Haustiere gestorben war, eine Beerdigung abhielten. Es war immer sehr bewegend zu sehen, welchen Respekt sie vor dem Tod hatten.

Das Leben ist unsicher. Wir wissen nicht, was die Zukunft für uns bereithält. In der Bibel lesen wir die Warnung: „Woher wollt ihr wissen, was morgen sein wird? Euer Leben gleicht doch dem Nebel am Morgen – schon nach kurzer Zeit ist er wieder verschwunden. … Denkt daran: Wer das Gute kennt und es nicht tut, der macht sich schuldig" (Jakobus 4,14.17).

Da der Tod eine unbestreitbare Realität ist, sollten wir uns alle auf die letzten Jahre unseres Lebens gewissenhaft vorbereiten. Solche Themen sind sehr ernst. Ich kann nichts Spaßiges daran finden, ein derart gewaltiges Ereignis herunterzuspielen, obwohl ich Menschen bewundere, denen es gelingt, in Zeiten des Kummers anderen ihre Last ein wenig leichter zu machen und in ihren von Tränen verschleierten Augen einen leisen Hoffnungsschimmer zu wecken.

Eine Familie, die unsere Organisation unterstützt, erzählte uns einmal von einer Verwandten, die schwer erkrankte. Sie war nicht verheiratet und hatte keine Kinder, und so kümmerten sich ihre Geschwister in ihren letzten Tagen liebevoll um sie. Eines Tages überredeten sie sie, mit ihnen zu einem Bestattungsinstitut zu fahren.

Der Inhaber des Institutes zeigte ihnen einige Möglichkeiten für die Gestaltung ihrer Beisetzung auf und fragte dann: „Welche gefällt Ihnen am besten?"

Die Geschwister sahen ihre Schwester an und fragten: „Welche hättest du gerne?"

Ihre Schwester antwortete mit unbewegter Miene: „Überrascht mich einfach, wenn die Zeit gekommen ist!"

Damit war alles gesagt und sie kehrten leichten Herzens nach Hause zurück.

Ganz anders verlief die Geschichte eines Anwalts, der sich selbst nicht daran hielt, was er anderen immer predigte. Er erlitt in seinen frühen Siebzigern ganz plötzlich und unerwartet einen tödlichen Herzinfarkt. Jahrzehntelang waren die Menschen aus seiner Stadt zu ihm gekommen, wenn sie rechtlichen Beistand brauchten. Er deckte die ganze Bandbreite rechtlicher Angelegenheiten ab, für die man den Rat eines Anwalts benötigt, ob es nun um Eigentumsübertragungen, Nachbarschaftsstreitigkeiten, Familienstreitigkeiten, Testamente oder den Erwerb von Grundbesitz ging. Seine Klienten vertrauten ihm, nicht nur wegen seiner rechtlichen Kenntnisse, sondern auch aufgrund seiner Erfahrung und seines gesunden Menschenverstands. Selbst als er beruflich ein wenig kürzer trat und einen jüngeren Partner in seine Kanzlei aufnahm, der diese einmal übernehmen sollte, kamen die Menschen weiterhin zu ihm. Zu seiner Beerdigung kamen Hunderte von Menschen, und seine Familie wurde regelrecht überschwemmt mit Karten und Briefen von Klienten, denen er im Lauf der Jahre geholfen hatte. In einem Nachruf, den die örtliche Zeitung als Leitartikel veröffentlichte, wurde sein Beitrag für die Ortsgemeinde gewürdigt und betont, welch große Lücke er hinterließ.

Kurz nach der Beerdigung machte seine Familie eine beunruhigende, ja, sogar schockierende Entdeckung: Er hatte keinerlei Regelungen für seinen Nachlass getroffen. Ebenso wenig hatte er jemals irgendjemanden aus seiner Familie über seine finanziellen

Angelegenheiten informiert. Sie wussten weder, ob er Immobilien oder Wertpapiere besaß noch ob er ein Bankschließfach hatte. Obwohl er von Zeit zu Zeit davon gesprochen hatte, dass er jeweils einen Teil seines Vermögens seiner Kirchengemeinde, einigen örtlichen Wohltätigkeitsorganisationen sowie einer verwitweten Schwester vermachen wollte, wurde am Ende keines dieser Vorhaben verwirklicht.

Es nahm mehrere Monate in Anspruch, seine Angelegenheiten zu regeln und verursachte darüber hinaus hohe Kosten. All das hätte vermieden werden können, wenn er getan hätte, was er im Lauf der Jahre unzähligen anderen Menschen geraten hatte, ein umfassendes Testament zu machen. Warum er es nie tat und warum er nie mit seiner Familie über seine finanzielle Situation sprach – wir wissen es nicht. Vielleicht konnte er wie viele andere der Tatsache nicht ins Gesicht sehen, dass er älter wurde und eines Tages sterben würde.

Das Älterwerden stellt uns vor einige Herausforderungen, ob es nun darum geht, ein Testament zu machen oder all die vielen anderen praktischen Aspekte zu regeln. Aber wenn wir uns nicht um diese wichtigen Details kümmern, werden andere es tun und damit möglicherweise denjenigen, die wir zurücklassen, einige Schwierigkeiten bereiten. Es ist unsere Pflicht, unsere persönlichen Angelegenheiten, die sich auch nach unserem Tod noch auswirken, rechtzeitig und verantwortungsvoll zu regeln.

Natürlich können wir nicht jede Entscheidung im Voraus treffen. Mit manchen Dingen können wir uns erst befassen, wenn sie auftreten. Niemand kann beispielsweise vorhersagen, ob sich ein Ehepartner die Hüfte bricht oder ob unsere Ersparnisse für die Rente aufgrund eines Börsenumschwungs schrumpfen. Und noch viel weniger lässt sich im Vorhinein planen, wie wir mit der jeweiligen Situation umgehen. Aber manche Fragen können im Voraus geklärt werden, und wenn das der Fall ist, müssen wir handeln. Gott will nicht, dass wir ein Vermächtnis von Groll, Streit oder Verwirrung hinterlassen, aber das kann leicht passieren, wenn wir es versäumen, die praktischen Vorkehrungen zu treffen, die sich uns im Alter aufdrängen.

Denken Sie daran: „Die Klugen aber bedenken jeden ihrer Schritte" (Sprüche 14,15) und „… achtet darauf, dass alles angemessen und geordnet geschieht" (1. Korinther 14,40).

Je älter wir werden, umso schwerer fällt es uns, mit den sensiblen Fragen und wichtigen Entscheidungen, die auf uns zukommen, umzugehen. Vielleicht sind sie zu belastend oder zu kompliziert für uns, um sie auf dieser Stufe unseres Lebens zu regeln, oder vielleicht ziehen wir es vor, mögliche Konflikte und Spannungen, die dadurch mit anderen entstehen könnten, zu vermeiden. Möglicherweise lösen sie beunruhigende Gedanken über den Lauf der Zeit bei uns aus oder bewirken, dass wir mit zunehmendem Alter unsere Fähigkeit infrage stellen, gesunde Entscheidungen zu treffen. Darüber hinaus kann uns der Stress, den eine plötzlich auftretende Krankheit, der Tod unseres Ehepartners oder irgendeine anders geartete Krise verursacht, so sehr in Anspruch nehmen, dass wir unfähig sind, uns auf andere Dinge zu konzentrieren.

Wie Mediziner bestätigen, leiden zudem viele ältere Menschen an Depressionen, und eine charakteristische Begleiterscheinung von Depressionen ist die Unfähigkeit, Entscheidungen zu treffen. Wenn Sie eine schwierige Zeit durchmachen und einiges zu überdenken haben, ermutige ich Sie, sich professionellen Rat zu holen. Wenn Sie dieses Buch lesen, hoffe ich, dass Sie es bis zum Ende lesen – sowohl zu Ihrem eigenen Vorteil als auch zum Vorteil der Menschen, die Sie lieben.

Der richtige Umgang mit Geld

Ein Rechtsanwalt sagte kürzlich zu einem meiner Freunde: „Ich habe noch nie einen älteren Menschen getroffen, der sich nicht um seine finanzielle Situation sorgt. Sie machen sich alle Gedanken darüber, ob ihr Geld wohl bis zu ihrem Lebensende reichen wird. Viele von ihnen haben gar keinen Grund dazu, aber sie machen sich trotzdem Sorgen."

Unsere Gesellschaft misst dem Geld eine viel zu große Bedeutung bei, was den Eindruck vermittelt, dass der finanzielle Gewinn der Maßstab für den Erfolg eines Menschen im Leben sei. Aber das ist nicht wahr, und wir müssen aufpassen, dass wir nicht in dieses falsche Denkmuster verfallen und glauben, Geld sei alles.

Jesus warnte die Menschen: „Niemand kann zwei Herren dienen. Denn man wird immer den einen hassen und den anderen lieben oder dem einen gehorchen, den anderen aber verachten. Ihr könnt nicht Gott und dem Geld zugleich dienen" (Lukas 16,13).

Später riet Paulus seinem Schüler Timotheus: „Menschen, die reich werden wollen, geraten nur in Versuchung und verstricken sich in so viele dumme und schädliche Wünsche, dass sie letztlich ins Verderben und in ihren eigenen Untergang stürzen. Denn die Liebe zum Geld ist die Wurzel aller möglichen Übel" (1. Timotheus 6,9-10).

Bedeutet das nun, dass es falsch ist, über Geld nachzudenken oder unsere Finanzen sorgfältig zu planen, damit wir in unseren späteren Jahren abgesichert sind? Nein, natürlich nicht. Stellen Sie aber bitte sicher, dass das Geld Ihr Diener ist und nicht Ihr Herr. Beherrschen Sie Ihr Geld oder beherrscht Ihr Geld Sie? Ganz gleich wie wenig oder wie viel finanzielle Ressourcen Sie haben – Gott hat sie Ihnen gegeben und er will, dass Sie sie treu verwalten. Sehen Sie Ihr Geld als etwas an, für das Gott Ihnen die Verantwortung übertragen hat, und nicht als etwas, das Sie gebrauchen (oder missbrauchen) können, wie es Ihnen gefällt.

Das ist besonders wichtig, wenn wir in unseren Ruhestand eintreten, weil unser Einkommen dann vermutlich geringer (möglicherweise sogar erheblich geringer) sein wird als zuvor. Jemand erzählte einmal: „Wir haben uns nie die Mühe gemacht, einen Haushaltsplan zu erstellen. Meine Frau und ich hatten beide gute Jobs und wir hatten immer so viel Geld, dass wir fast alles tun konnten, was wir wollten. Aber plötzlich musste ich erkennen, dass das nicht mehr der Fall ist. Zum ersten Mal in meinem Leben muss ich jetzt auf jeden Cent achten. Ich wünschte, ich hätte mich früher darum gekümmert."

Ein Rentner schrieb mir: „Eines der Probleme des Ruhestandes ist, dass man mehr Zeit hat und dadurch mehr über die Probleme des Ruhestandes mitbekommt." Obwohl sich diese Aussage humorvoll anhört, ist sie auch wahr. Aber statt uns nur mit den Problemen zu beschäftigen, sollten wir geeignete Maßnahmen ergreifen, um sie zu lösen.

An welchen Grundsätzen sollten wir uns nun orientieren, wenn wir unseren Lebensabend planen? Über welche Probleme müssen wir nachdenken und welche Entscheidungen sollten wir treffen, bevor sie zu einem Problem werden? Ich will Ihnen drei grundsätzliche Richtlinien vorschlagen.

Planen Sie realistisch

Zahlreiche Internetseiten und andere Informationsquellen bieten Ihnen Hilfestellung dabei auszurechnen, wie viel Sie sparen müssen, um in Ihrem Ruhestand gut leben zu können. Leider nehmen viel zu viele Menschen diese Möglichkeit nicht wahr und sparen deshalb oft zu wenig. Manchen ist es auch einfach nicht möglich, etwas für ihren Ruhestand zur Seite zu legen, wie beispielsweise alleinerziehenden Müttern oder Vätern oder Menschen, die von der Sozialhilfe leben.

Aber auch diejenigen, die Geld sparen können, brauchen Disziplin. Nutzen Sie die betriebliche Altersversorgung voll aus, sofern Ihre Firma diese Möglichkeit anbietet. Viele Firmen bieten auch an, einen Teil Ihres Gehalts automatisch auf ein Sparkonto zu überweisen. In manchen Firmen werden die Rentenbeiträge der Angestellten je nach Betriebszugehörigkeit gemäß einem Rentenplan automatisch erhöht. Wenn Sie Ihre Sparbeträge bei Ihrer Finanzplanung als Erstes berücksichtigen, ist das sicher eine gute Idee. Das anschauliche Beispiel aus der Bibel von der Ameise, die fleißig Nahrung für die Zukunft beiseiteschafft, ist eine praktische und zugleich tiefsinnige Lektion:

Nimm dir ein Beispiel an der Ameise, du Faulpelz.
Lerne von ihr und werde weise!
Obwohl sie keinen Anführer, Aufseher
oder Herrscher hat,
arbeitet sie trotzdem den ganzen Sommer über
und sammelt Nahrung für den Winter.
Sprüche 6,6-8

Ich habe schon oft gehört, dass die Grundlage für einen angenehmen Ruhestand – wie bei allen erfolgreichen Unternehmungen – die Planung ist. Diesem Grundsatz stimme ich von ganzem Herzen zu, nur würde ich ihm noch die Notwendigkeit des Gebets hinzufügen. In der Bibel wird uns gesagt, dass wir über alles beten sollen. Also beten Sie, dass Gott von Ihrem Leben ganz und gar Besitz ergreift. Wenn wir das tun, gestehen wir unsere Abhängigkeit von ihm ein.

Vermeiden Sie unnötige Ausgaben

Eines der finanziellen Desaster, in das Menschen am häufigsten geraten, wenn sie älter werden, ist die Schuldenfalle. Die Versuchung, mit Kreditkarten für Dinge zu bezahlen, die wir uns nicht leisten können (und die wir wahrscheinlich nicht brauchen) und damit hohe Verbindlichkeiten anzuhäufen, besteht auf jeder Stufe des Lebens. Aber insbesondere bei Senioren, die kein Gehalt mehr bekommen, mit dem sie ihre Schulden zurückzahlen können, kann das verheerende Folgen haben. Im schlimmsten Fall kann es sogar passieren, dass sie ihre private Insolvenz erklären müssen.

Kaufen Sie keine teuren Geschenke, die Sie sich nicht leisten können. Manche Großeltern versuchen, sich die Zuneigung ihrer Kinder oder Enkel zu erkaufen, indem sie sie mit allzu großzügigen Geschenken überhäufen. Und, so hart es auch klingen mag, manche Eltern setzen Geld fast schon als eine Art Waffe ein, indem sie versuchen, ihre Kinder damit zu kontrollieren oder die Kluft zwischen ihnen und ihrem entfremdeten Kind zu schließen.

Sie haben die weisen Worte aus der Bibel vergessen: „Das Wichtigste aber ist, dass ihr einander beständig liebt, denn die Liebe deckt viele Sünden zu!" (1. Petrus 4,8).

Hüten Sie sich davor, unkluge finanzielle Entscheidungen zu treffen, wenn Sie älter werden. Es gibt viele vertrauenswürdige Finanzberater, aber leider trifft das nicht auf alle zu. Manche suchen sich gezielt ältere Menschen aus, die sich möglicherweise von großen Versprechungen und überzeugenden Präsentationen hinters Licht führen lassen. Glauben Sie nicht alles, was Sie hören, und treffen Sie keine grundlegenden finanziellen Entscheidungen, ohne sich von fachkundigen Menschen beraten zu lassen, denen Sie vertrauen.

Hier bewahrheitet sich wieder einmal: Wenn sich etwas zu gut anhört, um wahr zu sein, handelt es sich wahrscheinlich um einen Schwindel.

Auch wenn Vorsicht nötig ist, wenn Sie sich überlegen, wie Sie Ihr Vermögen aufteilen, sollte die Sorge um Ihre Finanzen nicht zum alles beherrschenden Thema werden.

Ein Mann erzählte mir einmal die dazu passende Geschichte seiner Tante: „Alles, woran meine Tante jemals denkt, ist ihr Geld. Sie fürchtet sich entsetzlich davor, irgendwann einmal mittellos dazustehen. Sie lässt mich nicht einmal durchgebrannte Glühlampen in ihrem Haus auswechseln, weil sie befürchtet, ihre Stromrechnung dann nicht mehr bezahlen zu können. Ich weiß, dass sie mehr als genug hat, um ein gutes Leben zu führen, aber sie weigert sich, das zu glauben. Sie ist zu einer Gefangenen ihrer Ängste geworden."

Halten Sie Ihre Finanzen unter Kontrolle, indem Sie einen vernünftigen Haushaltsplan erstellen und sich daran halten. So werden Sie nicht zum Sklaven von Schulden, zum Opfer von Betrügern oder zum Gefangenen Ihrer Ängste.

Klären Sie die rechtlichen Fragen

Es ist sehr wichtig, dass Sie ein gültiges Testament haben. Manche Menschen machen kein Testament, weil sie die Kosten scheuen. Andere denken, sie besäßen nicht genug, um einen solchen Aufwand zu betreiben, und wieder andere sorgen sich um die Konflikte, die ihr Letzter Wille in ihrer Familie auslösen könnte.

Aber bedenken Sie, welche Folgen es für Ihre Familie haben kann, wenn Sie diese Welt verlassen, ohne ein Testament gemacht zu haben. Die Gesetze unterscheiden sich von Land zu Land, aber wenn kein Testament vorhanden ist, wird unter bestimmten Umständen von Gerichten oder gemäß gesetzlichen Regelungen über die Hinterlassenschaft des Verstorbenen entschieden, nicht von seiner Familie. Das Ergebnis sieht dann oft ganz anders aus, als der Verstorbene es sich gewünscht hätte. Abgesehen davon kann es unter Familienmitgliedern, die glauben Anspruch auf einen Teil des hinterlassenen Vermögens zu haben, zu Konflikten kommen.

Kürzlich schrieb mir eine Frau: „Unsere Mutter besaß einige schöne Dinge, aber nachdem sie gestorben war, kam es zu einem erbitterten Streit darüber, wer was bekommen sollte. Es hätte sie schockiert zu sehen, wie manche Familienmitglieder sich verhalten haben. Warum sind die Menschen so gierig? Das meiste davon war ohnehin nicht viel wert."

In ihrem Brief erwähnte sie, dass ihre Mutter kein Testament hinterlassen hatte.

Der Entschluss, ein Testament aufzusetzen, ist jedoch nur der erste Schritt. Viel wichtiger ist die Frage, wie Sie Ihr Vermögen verteilen wollen – in anderen Worten, wer von Ihrem Testament profitieren wird. Darüber hinaus gilt es festzulegen, wer der Testamentsvollstrecker sein soll und ob Sie für einen Teil Ihres Vermögens einen Treuhänder bestimmen wollen, statt es den Erben direkt auszahlen zu lassen. Diese Fragen sind sehr kompliziert und haben weitreichende

Folgen, deshalb ist es am besten, wenn Sie sie mit einem Anwalt besprechen, der sich mit Erbschaftsangelegenheiten auskennt.

Aber ganz gleich wie einfach oder komplex die Nachlassregelung eines Menschen auch sein mag, sie sollte in jedem Fall sorgfältig und mit Bedacht vorbereitet werden, und Sie sollten darüber beten. Gott interessiert sich ebenso sehr dafür, was nach Ihrem Tod mit Ihren Besitztümern geschieht, wie dafür, was Sie zu Ihren Lebzeiten damit tun. Sehen Sie sie als Ihr alleiniges Eigentum an, mit dem Sie tun und lassen können, was Sie wollen, oder ist Ihnen bewusst, dass Gott sie Ihnen anvertraut hat, damit Sie sie zu seiner Ehre einsetzen?

Ein Mann, der stets ein Zehntel seines Einkommens an seine Kirche oder andere christliche Organisationen gespendet hatte, informierte seine Familie darüber, dass er dasselbe mit seinem Vermögen zu tun beabsichtigte und eine entsprechende Verfügung in sein Testament aufgenommen hatte. Solche schriftlich fixierten Wünsche sorgen für Klarheit.

König David betete: „Denn wer bin ich, und was ist mein Volk, dass wir dir etwas geben könnten? Alles, was wir haben, stammt von dir; wir geben dir nur, was du zuvor uns geschenkt hast" (1. Chronik 29,14).

Krankheit und Patientenverfügung

Die meisten Menschen wissen, was es mit einem Testament auf sich hat. Es ist ein gesetzliches Dokument, in dem sie verfügen, was nach ihrem Tod mit ihren Besitztümern geschehen soll. Seit einigen Jahren gibt es aufgrund weitreichender Veränderungen in unserem Krankenversicherungssystem ein weiteres wichtiges Dokument, das Patienten gewisse Rechte gewährt. Dieses Formular ist allgemein als „Patientenverfügung" bekannt. In diesem Dokument legt ein Mensch fest, welche medizinischen Maßnahmen im Falle einer körperlichen oder mentalen Erkrankung oder eines medizinischen Notfalls ergriffen beziehungsweise unterlassen werden sollen. Die Patientenverfügung hat vor allem deshalb an Bedeutung gewonnen, weil das Leben eines Menschen aufgrund des medizinischen Fortschritts weit über seine normale Lebenserwartung hinaus verlängert werden kann, selbst unter schwierigsten Umständen.

Im Zusammenhang mit der Patientenverfügung gibt es noch andere Dokumente, wie beispielsweise verschiedene Handlungsvollmachten. Damit räumen Sie einer anderen Person das Recht ein, in Ihrem Namen zu handeln, falls Sie selbst nicht mehr dazu in der Lage sind. In einer Gesundheitsvollmacht bevollmächtigen Sie ein Familienmitglied oder eine Person Ihres Vertrauens, Entscheidungen hinsichtlich Ihrer weiteren medizinischen Versorgung zu treffen, wenn Sie es selbst nicht mehr können. In einer Vorsorgevollmacht übertragen Sie jemandem die Vollmacht, sich in einem solchen Fall um Ihre finanziellen Angelegenheiten zu kümmern. Um sicherzustellen, dass es Ihren Wünschen nicht widerspricht oder etwas für nichtig erklärt, das Sie zu einem früheren Zeitpunkt unterschrieben haben, sollten Sie ein solches Dokument nicht unterschreiben, wenn Sie in irgendeiner Weise unter Druck stehen.

All das sind sehr schwierige, komplexe und emotionale Fragen. Aber wenn es bei einem Menschen aus der Sicht der behandelnden Ärzte keine begründete Hoffnung auf Gesundung mehr gibt, lautet meine Überzeugung, dass die medizinischen Maßnahmen das Leben eines Menschen nicht verlängern, sondern nur seinen Tod künstlich hinauszögern. So weit möglich sollten derartige Fragen geklärt werden, bevor der entsprechende Fall eintritt und dann in einem gültigen gesetzlichen Dokument festgehalten werden. Ist erst einmal ein medizinischer Notfall eingetreten, wird der Patient normalerweise nicht mehr in der Lage sein, den Ärzten im Krankenhaus seine Wünsche mitzuteilen. Mittlerweile bieten viele Internetseiten die Möglichkeit, sich über solche Vollmachten zu informieren und die entsprechenden Formulare herunterzuladen.

Warum sollten Sie sich nun die Mühe machen, für den Fall, dass Sie nur noch mittels medizinischer Geräte am Leben erhalten werden, eine Patientenverfügung oder irgendein anderes Dokument zu verfassen? Nun, wenn es keine Hoffnung mehr gibt, dass Sie wieder gesund werden können, ersparen Sie sich damit möglicherweise eine längere Leidenszeit, in der Sie jeder Würde beraubt sind. Darüber hinaus ist eine Patientenverfügung aus demselben Grund wichtig wie ein Testament: Sie machen es Ihrer Familie damit leichter. Wenn Sie ihnen nicht die Richtung weisen, werden Ihre Familienmitglieder möglicherweise plötzlich vor einigen sehr schwierigen und emotionalen Entscheidungen stehen, und vielleicht sind sie sich nicht darüber einig, wie es weitergehen soll.

Soweit mir bekannt ist, schreibt das Gesetz in manchen Ländern darüber hinaus den Einsatz lebenserhaltender Maßnahmen vor, die nicht abgebrochen werden dürfen, wenn sie einmal begonnen haben. Die Kosten und der emotionale Tribut, den diese Maßnahmen von der jeweiligen Familie fordern, können überwältigend sein. Aber vor allem werden in solchen Situationen die Wünsche des Patienten selbst ignoriert, weil sie nie schriftlich niedergelegt wurden. Tun Sie um Ihrer selbst und um Ihrer Familie willen alles dafür, einen solchen Albtraum zu vermeiden.

Christen sollten sich natürlich nicht über Gebühr mit dem Tod beschäftigen, denn Gott hat uns alle mit einem Überlebenswillen ausgestattet. Aber weder sollten wir vor dem Gedanken an den Tod zurückschrecken noch sollten wir handeln, als müssten wir uns dem Tod bis zu unserem letzten Atemzug mit aller Kraft widersetzen. Wahrscheinlich wird eine Zeit kommen, wo uns die Lasten und Mühen des Lebens so schwer werden, dass wir den Tod als Freund willkommen heißen – und so sollte es auch sein. Wenn wir Christus kennen, wissen wir, dass der Himmel unser wahres Zuhause ist, und wir suchen, wie unsere Vorbilder im Glauben, „nach einem besseren Ort, einer Heimat im Himmel" (Hebräer 11,16).

Ein Wort an erwachsene Kinder

Bedenken Sie, dass jeder eines Tages alt sein wird. Ich erinnere mich noch daran, wie ich mich als junger

Erwachsener um meine Eltern sorgte, als sie älter wurden. Ich versuchte immer, ihnen den Respekt entgegenzubringen, den sie verdienten, und achtete darauf, sie nicht zu kränken, indem ich andeutete, sie seien nicht mehr in der Lage, wichtige Entscheidungen für ihr Leben zu treffen. Zwischen Ihrem Wunsch, die Würde Ihrer Eltern zu wahren, und Ihrem Bestreben, ihr Wohlergehen zu gewährleisten, liegt oft nur ein schmaler Grat.

Manche sagen jetzt vielleicht: „Diese Dinge sind sicher wichtig, aber ich bin noch jung und all das liegt für mich in weiter Ferne." Vermutlich haben Sie damit recht, aber möglicherweise bereitet Ihren Eltern die Frage, wie sich ihre Entscheidungen nicht nur auf sie selbst, sondern auch auf ihre Kinder auswirken werden, gerade jetzt großes Kopfzerbrechen.

Manche erwachsene Kinder machen sich Sorgen, weil sie nicht wissen, ob ihre Eltern diese Schritte unternehmen werden. Dennoch zögern sie, das Thema zur Sprache zu bringen, weil sie befürchten, ihre Eltern könnten ihnen falsche Motive unterstellen. Das ist manchmal ein Problem. Die Beziehung zwischen Eltern und ihren erwachsenen Kindern kann schwierig sein. In aller Regel wollen sich Erwachsene nicht von ihren Eltern sagen lassen, was sie tun sollen, und ebenso wenig wollen sich Eltern von ihren Kindern sagen lassen, was sie tun sollen. Aber wenn wir uns weigern, uns mit den praktischen Fragen, die auf uns alle zukommen, wenn wir älter werden, zu beschäftigen oder sie gar ignorieren, werden wir innerhalb unserer Familie mit hoher Wahrscheinlichkeit große Unruhe und Streit heraufbeschwören.

Ich ermutige die erwachsenen Kinder unter Ihnen, einfach einmal die Rollen zu tauschen. Bitten Sie Ihre Eltern hinsichtlich der Vorkehrungen, die Sie selbst treffen sollten, um ihren Rat. Vielleicht gelingt es Ihnen auf diese Weise, ein Gespräch in Gang zu bringen, denn möglicherweise schrecken auch Ihre Eltern davor zurück, derartige Themen anzuschneiden. Manchmal hilft es älteren Menschen, die Sichtweise ihrer Kinder zu hören, und vielleicht gibt ihnen das den letzten Anstoß zur Regelung ihrer Angelegenheiten.

Sie kennen die Dynamik innerhalb Ihrer Familie am besten, aber ich ermutige Sie, keinen Rückzieher zu machen, wenn es darum geht, solche wichtigen Fragen zu besprechen. Bitten Sie Gott, dass er Ihnen für solche Gespräche die richtigen Worte und ein Gefühl für den richtigen Zeitpunkt gibt. Er schätzt Menschen, die sich bei allem, was sie tun, auf seinen Namen besinnen und respektvoll, freundlich und liebevoll handeln.

Nehmen Sie sich die folgende Ermahnung aus dem Jakobusbrief zu Herzen: „Aber die Weisheit, die von Gott kommt, ist vor allem rein. Sie sucht den Frieden, ist freundlich und bereit, nachzugeben. Sie zeichnet sich durch Barmherzigkeit und gute Taten aus. Sie ist unparteiisch und immer aufrichtig" (Jakobus 3,17).

Ein Wort an Eltern

Ich bete, dass Sie verantwortungsvoll handeln und zu gegebener Zeit eine Patientenverfügung erstellen, Ihr Testament machen und alles andere regeln, was erforderlich ist. Für andere ist es emotional sehr belastend, wenn sie solche Entscheidungen für einen geliebten Menschen treffen müssen. Agieren Sie, damit andere nicht reagieren müssen. Die ältere Generation sollte mit gutem Beispiel vorangehen und wichtige Entscheidungen treffen, solange sie noch dazu in der Lage sind. Ihre Kinder werden sich eines Tages mit denselben Dingen auseinandersetzen müssen wie Sie jetzt. Sie tun Ihren Kindern einen großen Gefallen, wenn Sie ihnen hinsichtlich verantwortungsvoller Planung ein Vorbild sind.

Ich weiß noch, wie bewegt ich war, als ich den Letzten Willen des verstorbenen J. P. Morgan las. Er gilt als einer der einflussreichsten Bankiers der Geschichte, wenn nicht gar als der einflussreichste überhaupt. Ich habe mich oft gefragt, wie seine Kinder wohl reagierten, als sie nach dem Tod ihres Vaters im Jahr 1913 seinen Letzten Willen lasen. Ich hoffe, dass sie die Nachdrücklichkeit seiner Worte spürten und Kraft daraus zogen.

Er schrieb: „Ich gebe meine Seele in die Hände meines Retters und vertraue von ganzem Herzen darauf, dass er, der sie erlöst und in seinem kostbaren Blut gereinigt hat, sie schuldlos vor den Thron meines himmlischen Vaters bringt. Ich bitte meine Kinder inständig, die Lehre von der vollständigen Wiedergutmachung der Sünde, die uns einzig und allein durch das Blut Jesu Christi ermöglicht wird, aufrechtzuerhalten und gegen jeden Widerstand zu verteidigen, ganz gleich, welches persönliche Opfer das von ihnen fordern mag."[1]

Entscheidungen zu treffen, ist nicht leicht, aber sie jemand anderem zu überlassen, ist riskant. Ihre

Angelegenheiten zu regeln, ist eines der größten Geschenke, die Sie Ihren Kindern machen können. Geben Sie ihnen die Gewissheit, dass Sie für alles, was durch die Mühen Ihres Lebens entstanden ist, entsprechende Vorkehrungen getroffen haben. Und lassen Sie sie vor allem anderen wissen, wie Sie zu Jesus Christus stehen, denn das wird Ihr andauerndes Vermächtnis sein.

Mit verantwortungsvoller Planung auf das Ziel zu

Sind wir unter allen Umständen freudig und dankbar oder sorgen wir dafür, dass die letzten Jahre unseres Lebens für uns selbst und für alle, die uns nahestehen, unerträglich werden? Sind wir gehorsam und bringen unsere Angelegenheiten in Ordnung, sodass andere uns als verantwortungsvolle Christen erkennen, die Jesus von ganzem Herzen nachfolgen? Bereiten wir uns in der Gewissheit, dass Jesus unsere Heimkehr vorbereitet, auf unseren Tod vor? Werden andere wissen, wo wir sind, wenn wir unseren Bestimmungsort erreichen?

Im Hebräerbrief finden wir einige Aussagen über den Letzten Willen eines Menschen. „Wenn nun jemand stirbt und ein Testament hinterlässt, bekommt niemand etwas, bevor nicht bewiesen ist, dass der Verfasser dieses Testaments wirklich tot ist. Das Testament tritt erst nach dem Tod dessen in Kraft, der es geschrieben hat. Solange er noch lebt, kann niemand es für sich in Anspruch nehmen" (Hebräer 9,16-17). Jesus kam und wohnte unter den Menschen. Er gab uns ein Beispiel, wie wir leben und wie wir sterben sollen. Er kam, um zu sterben, damit wir leben. Er wurde vom Tod auferweckt, um seine Verheißung zu erfüllen: „… ich gehe voraus, um euch einen Platz vorzubereiten" (Johannes 14,2). Deshalb heißt es in der Bibel: „Dem Herrn sind die Menschen kostbar, die er liebt; es betrübt ihn, wenn sie sterben" (Psalm 116,15). Das ist ein wunderbarer Letzter Wille. Vielleicht werden wir in den verbleibenden Jahren unseres Lebens aufgrund unserer Umstände ein wenig ungeduldig, aber während wir darauf warten, wieder mit unserem Retter vereint zu sein, sollten wir uns den Willen Gottes für uns ins Gedächtnis rufen: „Seid immer fröhlich. Was immer auch geschieht, seid dankbar, denn das ist Gottes Wille für euch, die ihr Christus Jesus gehört" (1. Thessalonicher 5,16.18).

Machen Sie Pläne trotz schwindender Kräfte

Verwirf mich jetzt nicht, da ich alt bin.
Verlass mich nicht, wenn meine Kraft nun schwindet.
Psalm 71,9

Treten Sie Ihren Hindernissen entgegen.
Sie werden feststellen, dass sie nicht halb so groß sind, wie Sie glaubten.
Norman Vincent Peale

„Roboteranzug verleiht älteren Menschen Superkräfte" lautete die Überschrift eines Artikels, der 2010 auf einer Tokioter Internetseite veröffentlicht wurde. Auf dem beigefügten Foto konnte man diesen Anzug bewundern, jedoch nicht am Körper eines Seniors, sondern an dem eines jungen, athletischen Mannes. Im Untertitel war zu lesen, dass dieser Hochleistungsanzug um die dreißig Kilo wog und etwa eine Million japanische Yen (knapp zehntausend Euro) kosten sollte. Ich fragte mich: „Wie viele Menschen in meinem Alter haben die Kraft, eine Stunde lang dreißig Kilo mit sich herumzutragen, geschweige denn den ganzen Tag? Und wer kann sich eine solche Investition schon leisten?" Ich war erleichtert, als ich las, dass es nicht geplant war, den Anzug zu exportieren. Es reicht mir schon, wenn ich jeden Morgen damit zu kämpfen habe, meine Schuhe anzuziehen!

Ich musste den Artikel sehr genau lesen, um herauszufinden, wie ein hauteng anliegender Anzug aus Metall und Plastik seinem Träger Kraft verleihen sollte. Das Geheimnis war nicht der Anzug selbst, sondern acht elektrische Motoren sowie mehrere Sensoren, die mittels eines Spracherkennungssystems auf Befehle reagierten und so ohne jede Anspannung der Muskeln Körperteile anhoben und beugten. Auch wenn diese futuristische Erfindung nie in unseren Kaufhäusern zu sehen sein wird, offenbart der Denkprozess, der ihr zugrunde liegt, das Verlangen des Menschen, in seiner Kraft über sich selbst hinauszuwachsen.

Ein 65 Jahre alter Vater half seinem Sohn bei dessen Umzug in ein neues Haus. Später erzählte der Sohn seinen Freunden: „Mein Vater und ich wollten gemeinsam den Gefrierschrank in die Küche bringen. Ich ging in die Garage, um die Sackkarre zu holen, aber als ich zurückkam, hatte mein Vater ihn bereits über die Veranda und in die Küche hineingeschoben – mit bloßem Körpereinsatz! Mein erster Impuls war, ihn daran zu erinnern, dass er sich dabei eine Rückenverletzung oder eine Muskelzerrung hätte zuziehen können. Aber dann sah ich das Funkeln in seinen Augen. Er war stolz auf seine Leistung, und ich muss sagen, ich war stolz auf ihn. Ich dachte: ‚Das ist die Kraft des Alters‘, und mir wurde klar, dass ich von diesem Mann mit dem silbernen Haar, der immer große Entschlossenheit gezeigt hatte, eine Menge lernen konnte."

In der Bibel heißt es: „Der Stolz der jungen Männer ist ihre Kraft; das graue Haar aber schmückt die alten Menschen" (Sprüche 20,29). Junge Menschen sehen es oft als selbstverständlich an, dass die Älteren Kraft und Weisheit besitzen, aber auch wenn deren Kraft eher ab- als zunimmt, gelingt es ihnen manchmal, die Grenzen ihrer Weisheit neu zu definieren. Ich erinnere mich noch gut daran, dass ich meinen Vater in meiner Jugend immer für einen sehr starken Mann hielt. Er war Farmer und arbeitete mit seinen Händen. Als er älter wurde, wuchs jedoch auch mein Respekt vor seiner geistigen Stärke und seiner Weisheit.

Nun habe ich schon ein weit höheres Alter erreicht als mein Vater, und eine der größten Überraschungen, die ich während des Alterungsprozesses erlebte, war die Erkenntnis, wie sehr meine Kraft nachgelassen hat. Es fällt mir zunehmend schwerer, die einfachsten Dinge zu tun, wie beispielsweise von einem Stuhl aufzustehen. Ich habe nicht mehr die Ausdauer, einen Besuch auf mehr als eine Stunde auszudehnen, und es ist sehr anstrengend für mich, wenn ich einen Termin beim Arzt habe.

Gott kennt unsere Schwächen. Er weiß, dass unsere Kraft mit den Jahren nachlässt. Unsere Abhängigkeit von ihm erfreut ihn. Paulus sagte, dass er sich auf die mächtige Kraft von Christus verließ, die in ihm wirkte (siehe Kolosser 1,29), und dasselbe können auch wir tun. Bedenken Sie: Er hat unseren Körper nicht für die Ewigkeit erschaffen und er weiß genau, wie wir uns fühlen.

Am wichtigsten in diesem Zusammenhang ist mir aber, dass wir unsere Zeit nicht damit verbringen sollten, über uns selbst nachzudenken und darüber, wie schwach wir sind. Stattdessen sollten wir über Gott nachdenken und darüber, wie stark er ist. Ebenso wie die in den Roboteranzug eingebauten Sensoren auf die Stimme reagieren und in dem Anzug Kräfte aktivieren, sollen wir auf Gottes Stimme reagieren, dann wird er unsere Stärke sein.

Der Psalmist schrieb: „Wenn auch meine Kräfte schwinden und mein Körper mehr und mehr verfällt, so gibt doch Gott meiner Seele Halt" (Psalm 73,26; NGÜ). Verlassen wir uns auf ihn? Hören wir seine Stimme?

Wenn Gott spricht

Ich habe Gottes Reden nie als hörbare Stimme vernommen, aber dennoch hat er in meinem Leben viele Male zu mir gesprochen. Sie fragen jetzt vielleicht: „Wie kann man seine Stimme erkennen?" In der Bibel heißt es dazu: „Jeder, der aus der Wahrheit ist, hört meine Stimme" (Johannes 18,37; ELB). Aber um Gottes Stimme zu erkennen, müssen wir zu ihm gehören.

Eine Großmutter und ihre Enkelin waren einmal gemeinsam einkaufen. Jedes Mal, wenn das Mobiltelefon des Mädchens klingelte, begrüßte sie den Anrufer sofort mit seinem Namen.

Nach mehreren Anrufen fragte die Großmutter verwirrt: „Liebes, wie kannst du wissen, wer dich anruft, noch bevor er ein Wort gesagt hat?"

Ihre Enkelin kicherte, drückte ihre Großmutter kurz an sich und sagte: „Das ist eine neue Technik, Omi, die Anrufererkennung."

Nachdem sie ihr erklärt hatte, wie das funktionierte, sagte ihre Großmutter: „In meiner Jugend gab es so etwas noch nicht. Wir erfuhren immer von unserem Nachbarn, wer mit uns sprechen wollte. Wir hatten einen Gemeinschaftsanschluss." Nun war die Enkelin diejenige, die verblüfft war, als sie hörte, dass man sich vor ihrer Zeit ein Telefon geteilt hatte.

Meine Frau Ruth musste nie ihren Namen nennen, wenn sie mich auf meinen vielen Reisen um die ganze Welt anrief. Wenn ich ans Telefon ging und ihre Stimme hörte, wusste ich sofort, dass sie es war. Auch das war noch viele Jahre so, bevor es Mobiltelefone und Anrufererkennung gab. Dasselbe galt für meine Kinder. Ich erkannte die Stimmen meiner Töchter Gigi, Anne und Bunny sowie meiner beiden Söhne Franklin und Ned stets auf Anhieb. Auch die Stimmen meiner Schwestern Catherine und Jean und meines Bruders Melvin waren unverwechselbar für mich, und wenn ich ans Telefon ging und die liebliche Stimme meiner Mutter hörte, musste ich ebenfalls nie nachfragen, mit wem ich sprach. Wir erkennen die Stimmen der Menschen, die uns lieb und teuer sind und mit denen wir Umgang pflegen.

Wenn wir mit Jesus sprechen, indem wir beten oder über seine Worte nachdenken, wird unser Herz auch seine Stimme erkennen und verstehen. Jesus sagte: „Meine Schafe hören auf meine Stimme; ich kenne sie, und sie folgen mir" (Johannes 10,27). Er würde nie von uns erwarten, dass wir seine Stimme hören, wenn er es uns nicht ermöglicht hätte. Seine gewaltige

Stimme erschallt (Psalm 68,34) und er sagt, dass wir sie hören können (Psalm 95,7). „Und ich will ihnen ein Herz geben, das verständig ist, damit sie erkennen, dass ich der Herr bin" (Jeremia 24,7). „Gehorcht mir, dann werde ich euer Gott sein ..." (Jeremia 7,23).

Gottes Stimme zeigt sich aber auf ganz verschiedene Weise: Als eine Stimme mitten aus dem Feuer (5. Mose 5,24), als eine Stimme, die über dem Meer erschallt (Psalm 29,3), eine Stimme aus dem Himmel (Matthäus 3,17), eine Stimme aus einer Wolke (Matthäus 17,5), eine Stimme aus seinem Mund (Apostelgeschichte 22,14; ELB), eine herrliche, hoheitsvolle Stimme (2. Petrus 1,17) und eine Stimme vom Thron (Offenbarung 19,5).

Hören wir in der Geschäftigkeit unseres Alltags auf seine Stimme? Manchmal spricht er, aber wir hören es nicht. Wir können uns nicht damit herausreden, dass die Batterien unseres Hörgerätes leer sind. Gottes Stimme ist nicht abhängig von menschlichen Erfindungen. Gott spricht vielmehr zu den Herzen der Menschen. Seine Stimme wird beschrieben als voller Majestät (Psalm 29,4), ein leises Säuseln (1. Könige 19,12) und als eine gewaltige Stimme (Jesaja 30,30). Die Stimme Gottes ist die Stimme des lebendigen Gottes (5. Mose 5,26), die Stimme des Bräutigams (Jeremia 7,34) und die Stimme des Allmächtigen (Hesekiel 1,24).

Seine Stimme ist gewaltig (Psalm 29,4). Sie erschüttert die Wüste (Psalm 29,8), sie sprüht grelle Feuerflammen (Psalm 29,7), sie ist eine Donnerstimme (Hiob 37,5) und wie das Tosen mächtiger Meereswellen (Offenbarung 1,15). Seine Stimme ruft zu der Stadt

(Micha 6,9), und wir sollen seiner Stimme gehorchen (5. Mose 13,5) und auf seine Worte hören (Psalm 103,20).

Die Telekommunikation hat unsere Welt verändert. Wenn ich früher in ein Flugzeug stieg, bedeutete das, dass meine Frau für Stunden nichts von mir hören würde. Jetzt gibt es nur noch wenige Gelegenheiten, in denen man nicht erreichbar ist. Wir können aus dem Flugzeug hoch am Himmel jemanden anrufen. Wir müssen nicht mehr von der Autobahn abfahren, um von einer Telefonzelle aus zu telefonieren. Aber manchmal ist der Empfang schlecht. Es ist nicht ungewöhnlich, dass die Verbindung während eines Gesprächs mit dem Mobiltelefon mitten im Satz für einen kurzen Moment unterbrochen wird.

Oft schreien die Menschen dann ins Telefon: „Kannst du mich hören?"

Dann kommt die Antwort: „Ich kann dich hören. Hörst du mich auch?"

Ich finde es dann manchmal erheiternd, wenn Leute aus der jüngeren Generation sich gegenseitig bitten, ihre Sätze zu wiederholen.

Die erste Frage, die Gott dem Menschen stellte, war: „Wo bist du?"

Adam antwortete: „Ich hörte deine Stimme im Garten ..." (1. Mose 3,9-10).

Und Gott fragte die Frau: „Was hast du da getan?" (1. Mose 3,13).

Hätte Eva ein Mobiltelefon besessen, hätte sie vielleicht behauptet, die Verbindung wäre gestört gewesen.

Aber es ist ganz und gar nicht zum Lachen, wenn unsere Verbindung zu Gott abgebrochen ist. Wenn das passiert, kann ich Ihnen versichern, dass wir die Störfaktoren sind, nicht er. Manchmal wollen wir nicht hören, was er zu sagen hat, weil wir das Wort Gottes bereits kennen.

Die Bibel ist voller Berichte von Männern und Frauen, die zwar die Stimme Gottes hörten, sie jedoch zuerst nicht erkannten. Das war auch bei dem Propheten Samuel der Fall. Gott rief ihn immer wieder bei seinem Namen, aber Samuel glaubte, es wäre jemand anderer. Aber Gott ließ nicht locker, bis Samuel seine Stimme erkannte (1. Samuel 3,10).

Wenn Gott nicht mit uns kommunizieren wollte, würde er den Menschen keine Fragen stellen. Aber er will nicht nur zu uns reden, er will auch von uns hören. Er erwartet eine Antwort.

Jesaja hörte den Herrn fragen: „Wen soll ich senden?"
Er antwortete: „Hier bin ich, sende mich" (Jesaja 6,8).
Der Verfolger der Christen hörte die Stimme des Herrn sagen: „Saul, Saul! Warum verfolgst du mich?"
Und Saul antwortete: „Wer bist du, Herr?" Daraufhin sagte Jesus ihm, was er tun sollte (Apostelgeschichte 9,4-6).

Dieser Dialog war der Beginn des großen Dienstes, den der Apostel Paulus tat.

Aber wir hören Gottes Stimme nicht immer in der Form einer Frage. Er ist ein liebevoller Gott, der sich um unsere Bedürfnisse kümmert. Seine Stimme schenkt uns Trost und Anleitung. Gideon hörte den Herrn Frieden aussprechen (Richter 6,23), und

Habakuk hörte Gottes Stimme sagen: „Durch den Glauben hat ein Gerechter Leben" (Habakuk 2,4).

Im Lauf der Jahre habe ich mit vielen Menschen gesprochen, die zwar glaubten, dass Gott durch sein Wort spricht, aber nicht wirklich davon überzeugt waren, dass er ihre Gebete hörte. In der Bibel werden diese Zweifel zerstreut. Wer den Herrn fürchtet und ehrt, dessen Weinen hört er (Psalm 6,9), und in Jeremia lesen wir:

Halte deine Stimme zurück vom Weinen
und deine Augen von Tränen!
Denn es gibt Lohn für deine Mühe ...
... und Hoffnung ist da für deine Zukunft ...
Jeremia 31,16-17; ELB

Wenn Sie sich einsam und schwach fühlen, hören Sie auf Gottes tröstende Worte: „... hört meine Stimme!" (Jesaja 28,23; ELB). Er hört die Stimme Ihrer Worte (5. Mose 5,28; ELB) und hat geachtet auf die Stimme Ihres Gebets (Psalm 66,19; ELB). Ich hoffe, dass diese Verse aus der Bibel Sie stärken werden.

In meinem Alter kann ich mit den meisten Senioren mitfühlen. Manchmal erinnere ich mich an die gute alte Zeit zurück, vor allem wenn ich mit Freunden zusammen bin, mit denen ich eine Menge erlebt habe. Obwohl ich es vorziehe, nicht in der Vergangenheit zu verweilen oder meine Jugend wieder aufleben zu lassen, gibt es Zeiten, in denen ich mich danach sehne, mit meinen Kindern über die Berge zu wandern oder auf der Bühne zu stehen und eine Botschaft aus dem Evangelium zu verkünden.

Aber der Rollator, der Rollstuhl und der Stock neben meinem Bett erinnern mich daran, dass dieses Kapitel meines Lebens der Vergangenheit angehört. So danke ich Gott für die Erinnerungen an all die Erlebnisse, die mein Leben bereichert haben, und freue mich auf neue Gelegenheiten und Erfahrungen, die der Gegenwart eine neue Dimension verleihen können. Auf der Bühne des Lebens spielt während der Schlussszene unsere innere Haltung eine wesentliche Rolle.

Wenn die Jugend verblasst

Jemand sagte einmal: „Geburtstage sind etwas Gutes. Die Statistik beweist: Die Menschen, die die meisten Geburtstage erleben, leben am längsten."
Die Antwort darauf lautete: „Es ist großartig, wie fünfzig auszusehen – wenn man sechzig ist!"
Es ist alles eine Frage der Perspektive. Für Kinder sind ihre dreißigjährigen Eltern bereits alt und ihre Großeltern uralt. Für Großeltern bleiben ihre Kinder und Enkelkinder für immer jung. Aber Kinder sind immer darauf bedacht, so schnell wie möglich älter zu werden. Fragen Sie einmal ein Kind, wie alt es ist. Die Antwort wird immer mit „einhalb" enden. Ein Zehnjähriger kann es kaum erwarten, zwölf zu werden. Der Zwölfjährige will ein Teenager sein. Der Teenager will alt genug sein, um zu heiraten. Eltern streben danach, ihre Kinder unter die Haube zu bringen, damit sie Großeltern werden. Und wenn sie dann Großeltern sind, fangen sie an darüber zu klagen, dass sie so alt sind.

Unsere Gesellschaft ist voller Gegensätze: Die Jungen wollen mit großartigen Jobs belohnt werden, ohne zuvor Erfahrungen gesammelt zu haben. Die Menschen mittleren Alters prahlen damit, wie oft sie im Fitnessstudio anzutreffen sind, können es aber kaum erwarten, in Rente zu gehen, damit sie sich endlich ausruhen können. Und die Alten sehnen sich nach einem Jungbrunnen. Die Wahrheit ist, dass sofortiger Erfolg jungen Menschen die Möglichkeit raubt, stetig zu wachsen. Manche Dinge brauchen Zeit, und so können wir auch nur im Lauf unseres Werdegangs Wissen erwerben, Erinnerungen anhäufen und Erfolge erleben, die das Leben zu einer lohnenden Erfahrung machen. Älteren Menschen hingegen wird oft vorgegaukelt, bestimmte Wunderpillen und Cremes würden ihnen zu neuer Vitalität und Schönheit verhelfen.

Schon Juan Ponce de León, der spanische Forscher, der einmal auch mit Christoph Kolumbus auf Reisen war, suchte nach einer magischen Wasserquelle, die der „Jungbrunnen" genannt wurde. Gerüchten zufolge sollte der Genuss dieses Wassers die Menschen jung erhalten. Ponce de León war entschlossen, diesen legendären Brunnen zu finden, aber stattdessen fand er Florida, das später zu einem beliebten Alterswohnsitz der Amerikaner wurde. Unzählige Paare packten ihre Habseligkeiten zusammen, ließen ihr Zuhause und ihre Familie zurück und bezogen auf einem Golfplatz Floridas eine Eigentumswohnung – in unmittelbarer Nähe eines Pflegeheims.

Und auch vor noch nicht allzu langer Zeit griff ein plastischer Chirurg in diesem wunderschönen

Sonnenstaat diese Idee auf und gab seiner Privatpraxis den Namen „Jungbrunnen-Institut". Doch gemäß eines kürzlich veröffentlichten Artikels der Zeitschrift „Scientific American" ist der Jungbrunnen ein Mythos. In diesem Artikel heißt es: „Die Aussicht auf Unsterblichkeit hat die Menschheit schon immer fasziniert", gefolgt von der Warnung: „Für keine derzeit auf dem Markt angepriesene Behandlung – keine – wurde bislang der Beweis erbracht, dass sie den menschlichen Alterungsprozess verlangsamt, anhält oder gar ins Gegenteil verkehrt."[1]

Das erinnert mich an einen Teenager, der sich einen Stuhl zu seinem Großvater heranzog und sagte: „Opa, so langsam bedecken die Falten in deinem Gesicht die Narbe, auf die du so stolz bist!"

Der kluge Großvater lächelte, gab dem Jungen einen Klaps auf die Schulter und sagte: „Mein Sohn, Narben, Falten und eingerostete Knochen haben viele Geschichten zu erzählen."

An diesem Nachmittag lernte der Enkel vieles über sein Erbe. Und einige Jahre später verpflichtete er sich als Soldat beim Militär der Vereinigten Staaten. Als er gefragt wurde, warum er das getan hatte, antwortete er: „Ich will mir meine Narben und Falten verdienen, wie mein Großvater es getan hat."

Die Vorstellung der Welt, es könnte einen Jungbrunnen geben, ist eine Illusion. Nur in der Bibel finden wir eine Oase für die Seele: „Die Ehrfurcht vor dem Herrn ist eine lebensspendende Quelle ..." (Sprüche 14,27).

Um die Bedeutung dieses Verses zu verstehen, müssen wir aber zunächst einmal wissen, was „Ehrfurcht vor dem Herrn" bedeutet. Ehrfurcht ist das Gegenteil von Furcht. Gott hätte seinen Sohn nicht zu uns auf die Erde gesandt, wenn er gewollt hätte, dass die Menschheit sich davor fürchtet, sich ihm zu nähern. Dieser wunderbare Ausdruck, der uns die ganze Bibel hindurch immer wieder begegnet, ist eine Erinnerung daran, dass wir Gott die Ehre erweisen sollen, die ihm gebührt, dass wir ihn von ganzem Herzen lieben und uns ihm in allen Dingen freudig unterordnen sollen. „Ihr sollt den Herrn, euren Gott, von ganzem Herzen, von ganzer Seele und mit eurer ganzen Kraft lieben" (5. Mose 6,5).

Der Apostel Johannes drückte es so aus: „Haltet euch von allem fern, was Gottes Platz in eurem Herzen einnehmen könnte" (1. Johannes 5,21; NLT; aus dem Amerikanischen übersetzt).

Und in den folgenden Versen sehen wir ein wunderbares Bild einer Quelle, aus der Segen und Leben strömen: „Denn du bist die Quelle des Lebens und das Licht, durch das wir leben" (Psalm 36,10). „Die Worte des Gottesfürchtigen führen zum Leben ..." (Sprüche 10,11). „Die Weisung des Weisen ist eine Quelle des Lebens ..." (Sprüche 13,14; ELB). „Die Klugheit ist eine Quelle des Lebens ..." (Sprüche 16,22). Im letzten Buch der Bibel fasst Jesus all das mit den Worten zusammen: „Ich bin das Alpha und das Omega – der Anfang und das Ende. Jedem, der durstig ist, werde ich aus der Quelle, die das Wasser des Lebens enthält, umsonst zu trinken geben! Wer siegreich ist, wird dies alles empfangen ..." (Offenbarung 21,6-7).

Die Quelle des Lebens ist real, Freunde. Wir können Kraft aus ihr schöpfen, während wir uns darauf freuen, unser Erbe zu empfangen und in die Gegenwart unseres Retters einzutreten. Wenn auch die Augen der Müden, der Überarbeiteten und der Alten trübe werden, wird sein Licht in unser Herz fließen. Wenn auch die Lippen der Älteren zum Schweigen gebracht werden, wird Gottes Wort weiterhin ihr Leben bestimmen. Wenn auch das Hören zur Herausforderung wird, können unsere geheimsten Gedanken von klugen Weisungen durchdrungen sein. Wenn auch viele nicht mehr in der Lage sind, Entscheidungen zu treffen, werden andere von ihren Erfahrungen profitieren, wenn sie neue Wege beschreiten.

Vor einiger Zeit traf ich einen Bekannten, den ich mindestens 25 Jahre nicht mehr gesehen hatte. Als wir uns die Hände schüttelten, schoss mir der Gedanke durch den Kopf: „Meine Güte, er ist ein alter Mann geworden!" (Wahrscheinlich dachte er dasselbe über mich.) Als ich ihn das letzte Mal gesehen hatte, war er groß und athletisch gewesen. Jetzt war seine Haltung gebeugt und sein Gesicht runzlig, er zitterte leicht und stützte sich schwer auf seinen Stock. Er war immer noch dieselbe Person, aber die Jahre hatten ihren Tribut gefordert.

Später kam mir in den Sinn, dass wir diese extremen Veränderungen am anderen wahrscheinlich gar nicht wahrgenommen hätten, wenn wir uns regelmäßig alle paar Monate begegnet wären, statt einmal in 25 Jahren. Normalerweise ist das Altern ein langsamer, allmählicher Prozess. Wir gehen nicht eines Abends jung ins Bett und wachen am nächsten Morgen alt auf. Ebenso wie die gesamte Reise des Lebens aus vielen Schritten besteht, verhält es sich auch mit dem Abschnitt, den wir die goldenen Jahre nennen. Aber wenn wir lange genug leben, wird uns das Alter unweigerlich irgendwann einholen.

Vielleicht wollen wir uns das nicht eingestehen oder leugnen es sogar und verwenden unsere gesamte Energie darauf, das Alter in Schach zu halten. Kosmetikunternehmen und Schönheitschirurgen versprechen, uns ein jugendliches Aussehen zu bewahren, wenn wir nur ihre Produkte benutzen oder ihre Dienste in Anspruch nehmen. Hersteller von Vitaminpräparaten behaupten, ihre Erzeugnisse würden den Alterungsprozess verlangsamen. Gymnastik-Gurus und Mediziner weisen auf die Vorteile eines gesunden Lebensstils hin. Bis zu einem gewissen Grad mögen einige ihrer Behauptungen sicher stimmen. Wenn wir gut auf unsere Gesundheit achten, kann das den Alterungsprozess womöglich verlangsamen und einigen seiner Begleiterscheinungen entgegenwirken, zumindest für eine gewisse Zeit. Das ist auch nicht unbedingt falsch, weil Gott möchte, dass wir auf unseren Körper achten. Denn schließlich heißt es in der Bibel: „... ehrt Gott mit eurem Leib!" (1. Korinther 6,20).

Tatsächlich scheinen einige Menschen stärkere Gene zu haben und langsamer zu altern als andere. Manche sind mit sechzig alt, während andere fast alterslos zu sein scheinen. Während ich dies hier diktiere, hat mein langjähriger Freund George Beverly Shea gerade seinen 102. Geburtstag gefeiert und ist immer noch rüstig und geistig rege. Vor einigen Monaten besuchte er das *Louisiana State Penitentiary in Angola, Louisiana*

– eines der größten Gefängnisse unseres Landes – und unterhielt die dort Inhaftierten mit seiner Musik. Kurz nach seinem Geburtstag reisten er und seine Frau Karlene nach Hollywood, wo er mit einem Grammy für sein Lebenswerk als Sänger ausgezeichnet wurde. Er war der älteste Mensch, dem dieser angesehene Preis je verliehen wurde, und ganz sicher hatte er ihn mehr als verdient.

Wenige Tage nach Bevs Rückkehr gaben er und Cliff Barrows, der mir in meinem Dienst von Beginn an zur Seite gestanden hatte, auf dem Gelände der Billy Graham Library ein Konzert, das von Bill Gaither für seine Serie der sogenannten Homecoming-Videos aufgezeichnet wurde. Auf der Bühne des riesigen Zeltes, das eigens dafür aufgebaut worden war, sangen der 98-jährige Cliff und Bev mit seinen 102 Jahren zusammen mit 140 anderen Gospelmusikern bis spät in die Nacht hinein wunderschöne Lieder über den Glauben.

Als Bill und Gloria Gaither mich am nächsten Tag besuchten, erzählten sie mir, wie Cliff in die Mitte der Bühne gegangen war und zusammen mit dem großen Chor sowie den Gästen das Lied Blessed Assurance (dt.: Seliges Wissen, Jesus ist mein) angestimmt hatte. Andere berichteten mir, dass Cliff an diesem Abend trotz seines Stocks mit großer Begeisterung dirigiert hatte. Obwohl ich Cliff im Laufe der Jahre Hunderte von Chören habe anleiten sehen, wäre ich gerade bei diesem Ereignis gerne dabei gewesen.

Aber ganz gleich, wer Sie sind – es gibt nichts, das den Alterungsprozess stoppen kann, und, ob es Ihnen gefällt oder nicht – Ihr Leben wird zunehmend von den Lasten und Gebrechen, die damit einhergehen, geprägt sein. Statt die Realität und die Begleiterscheinungen des hohen Alters zu verleugnen, ist es weitaus besser, sie sich einzugestehen und sich auf sie vorzubereiten – und sie, durch Gottes Gnade, als einen Teil seines Plans für Ihr Leben willkommen zu heißen.

Wenn sich das Leben verlangsamt

Müsste ich die Veränderungen, die sich an uns vollziehen, wenn wir älter werden, in einem Wort zusammenfassen, würde ich vermutlich das Wort „Verfall" wählen. Am deutlichsten zeigt sich dieser Verfall darin, dass unsere körperliche Kraft nachlässt und wir immer mehr Dinge, die wir früher mühelos bewältigt haben, nicht mehr tun können. Unsere Muskeln verlieren an Elastizität und Kraft, unsere Beweglichkeit verringert sich, unser Gehör und unser Sehvermögen lassen nach, unsere Reaktionsfähigkeit verlangsamt sich und unsere körperliche Ausdauer nimmt ab. So sehr ich mir auch wünschte, dass es anders wäre, bin ich mit meinen 92 Jahren nicht mehr in der Lage, allein aus einem Sessel aufzustehen. Schon vor einigen Jahren bestanden meine Ärzte darauf, dass ich eine Gehhilfe benutze. Sie soll mich davor bewahren, das Gleichgewicht zu verlieren und zu stürzen. Ich wäre dumm gewesen, wenn ich ihre Warnung ignoriert hätte.

Im selben Maß, wie unsere Jahre zunehmen, nimmt unsere Energie ab. Alles scheint länger zu dauern, auch die Erholungsphasen nach Krankheiten oder sehr bewegten Zeiten. Ich wurde einmal gefragt, worauf ich beim Älterwerden am wenigsten vorbereitet gewesen war, und nachdem ich darüber nachgedacht hatte, sagte ich: „Auf den Verlust meiner Kraft und die völlige Unfähigkeit, weiterzumachen wie bisher." In einem geschwächten Zustand sind Gebrechen und Schmerzen unwillkommene Gäste, die sich nicht nur weigern, wieder zu gehen, sondern auch drohen, für immer zu bleiben und die Führung zu übernehmen.

Eine weitere neue Erfahrung auf dieser Stufe des Lebens ist es, zu beobachten, wie Freunde und Familienmitglieder krank werden oder sterben. Es vergeht kaum eine Woche, in der mich nicht die Nachricht erreicht, dass jemand, den ich kenne, erkrankt oder gestorben ist. Aber es sind nicht nur die Alten. Es scheint, als würden bei immer mehr jungen Leuten Krankheiten diagnostiziert, die einst als Alterskrankheiten galten. So tritt beispielsweise auch die parkinsonsche Krankheit mittlerweile vermehrt bei jungen Menschen auf. Und ich kenne viele Eltern, die ihre erwachsenen Kinder wieder zu sich nach Hause geholt haben, damit sie sich um sie kümmern können.

Von den jüngeren Menschen, die einen solchen Schicksalsschlag erlitten haben, können auch wir Älteren oft noch etwas lernen. Dazu fällt mir ein ganz besonderer junger Mann ein. Mit seinen 30 Jahren stand er in der Blütezeit seines Lebens und hatte viele interessante Pläne für seine Zukunft. Als er eines Tages im Auto unterwegs war, verspürte er plötzlich einen stechenden Schmerz in seiner Brust, sodass er gezwungen war, an den Straßenrand zu fahren und anzuhalten. Als der schlimmste Schmerz abgeklungen war, fuhr er direkt ins Krankenhaus, wo man feststellte, dass er einen bösartigen Tumor direkt am Herzen hatte. In den darauffolgenden Monaten, in denen er im Krankenhaus der University of Michigan operiert und behandelt wurde, überraschte er die Ärzte mit seiner Einstellung.

Er war ein gut aussehender junger Mann, und trotz all der starken Medikamente und der Nadeln und Schläuche, an die er angeschlossen war, strahlte er. Als die Ärzte ihn fragten, woher er seine Kraft bezog, erzählte er ihnen von seinem Leben mit Christus. Aus medizinischer Sicht gab es wenig Hoffnung, dass er überleben würde, aber sie versuchten ihn zu ermutigen, indem sie ihm sagten, dass immer noch ein Wunder geschehen könne.

Darauf sah er sie an und sagte mit bewundernswerter Zuversicht: „Ich kann nur gewinnen. Wenn ich lebe, gewinne ich, und wenn ich sterbe, gewinne ich ebenso."

Kurze Zeit später starb er mit der Gewissheit, dass er zu Jesus gehen würde. Sein Vermächtnis jedoch lebt am University of Michigan Medical Center noch heute fort. Das ist eine Lektion, aus der wir alle lernen können.

Es besteht kein Zweifel, dass verhängnisvolle Krankheiten von älteren Menschen ihren Tribut fordern. Unser Körper altert und wird schwächer, und genauso verhält es sich mit unserem Geist. Tatsächlich sind Körper und Geist eng miteinander verbunden. Unser Gehirn ist von den körperlichen Veränderungen des Alters nicht ausgenommen, was einen leichten

Gedächtnisverlust, Demenz oder sogar Alzheimer zur Folge haben kann.

Alzheimer ist eine grausame Krankheit. Ich erinnere mich noch daran, wie traurig es mich immer machte, wenn ich den früheren amerikanischen Präsidenten Ronald Reagan besuchte. Irgendwann hatte die Krankheit sein Gehirn so weit geschädigt, dass er ihm vertraute Menschen nicht erkannte und nicht mehr wusste, welches Amt er einmal innegehabt hatte. Zuletzt sah ich ihn auf Einladung seiner Frau Nancy im Garten seines Hauses in Bel Air, Kalifornien.

Nachdem Nancy und ich uns eine Zeit lang im Wohnzimmer unterhalten hatten, fragte sie mich, ob ich gerne ihren Mann begrüßen würde, was ich bereitwillig bejahte. Wir traten hinaus in die helle kalifornische Sonne. Eine Pflegerin half dem früheren Präsidenten gerade dabei, sein Mittagessen einzunehmen. Er schien weder Nancy noch mich zu bemerken, als wir hinzutraten. Nach einer kurzen und sehr einseitigen Unterhaltung bat Nancy mich, ein Gebet zu sprechen. Das hatte ich immer getan, wenn ich sie besuchte, sei es in Washington oder in Kalifornien.

Als Nancy mich anschließend zu meinem Wagen begleitete, fragte ich sie: „Glaubst du, er hat mich erkannt?"

Sie antwortete: „Nicht bis du angefangen hast zu beten. Aber ich glaube, als er dich dann hörte, wusste er, wer für ihn betet."

Es gibt viele ähnliche Geschichten. Eine Schriftstellerin berichtete kürzlich von ihrem Vater, der unter Demenz litt. Er hatte monatelang kein Wort gesprochen, geschweige denn sie bei ihrem Namen genannt. Aber als sie kurz bevor er starb seine Hand nahm und begann, das Vaterunser zu beten, sprach er jedes Wort klar und deutlich mit.

Hilflos zusehen zu müssen, wie das Gedächtnis eines geliebten Menschen unerbittlich nachlässt, gehört sicher zu den schwierigsten Dingen, die das Leben für uns bereithalten kann. Und diejenigen, die davon betroffen sind, verdienen unser Mitgefühl und unsere Gebete.

Der gelegentliche Gedächtnisausfall jedoch, den wir mit zunehmendem Alter alle hin und wieder haben, ist nicht bedenklich. Er erinnert uns nur daran, dass wir nicht mehr so jung sind, wie wir es einmal waren. Das kann schlimmstenfalls ein wenig peinlich sein, im besten Fall aber auch zur allgemeinen Erheiterung beitragen.

Vor einigen Jahren wurde ich auf einem Empfang von dem Gastgeber begrüßt, einem Mann in meinem Alter, den ich schon viele Jahre kannte. Er erzählte den Gästen, die um uns herumstanden, wie wir uns durch einen gemeinsamen Freund kennengelernt hatten.

„Er hieß …", setzte er an, „er hieß … oh, es liegt mir auf der Zunge. Ich kenne seinen Namen so gut wie meinen eigenen. Er hieß … er hieß …"

Schließlich wandte er sich verzweifelt an mich: „Billy, wie um alles in der Welt war sein Name?"

Aber leider musste ich zugeben, dass auch ich mich nicht daran erinnern konnte, woraufhin wir herzlich über unser alterndes Gedächtnis lachten. Dennoch war es sehr beruhigend für uns, als uns der Name einen Augenblick später wieder einfiel.

Wenn verborgene Gefahren ans Licht kommen

Wir können uns in vielen Abschnitten der Bibel wiedererkennen, wie in dem folgenden:

Du wischst die Menschen fort wie ein Traum, der am Morgen verschwindet,
wie Gras, das in der Frühe wächst.
Am Morgen grünt und blüht es,
aber am Abend ist es welk und trocken.
Psalm 90,5-6

Wie ich festgestellt habe, ist diese Beschreibung nur allzu realistisch. Welk und trocken ist die exakte Beschreibung dafür, wie sich jeder ältere Mensch, den ich je getroffen habe, manchmal fühlt – einschließlich mir.

Während die körperlichen Veränderungen, die das hohe Alter mit sich bringt, offensichtlich sind, lassen sich andere Auswirkungen weniger leicht erkennen. Das sind die emotionalen und geistigen Reaktionen auf das Älterwerden, die uns leicht überwältigen können, wenn wir nicht auf der Hut sind. Und selbst dann kann es noch passieren, dass sie sich unbemerkt in unser Leben schleichen, weil sie im Gegensatz zu einer gebrochenen Hüfte oder einem Gedächtnisverlust weder körperliche Schmerzen verursachen noch Peinlichkeiten heraufbeschwören.

Was sind nun diese verborgenen Gefahren? Eine davon ist sicher die Furcht. Wenn wir krank oder zunehmend gebrechlicher werden, wenn wir einsam sind oder finanziell unter Druck geraten, ist es ganz natürlich, dass wir uns Sorgen machen, was mit uns passieren wird. Aber manchmal überwältigen uns diese Sorgen derart, dass sich unsere Gedanken nur noch um das drehen, was diese Sorgen hervorgerufen hat. Dann kann es passieren, dass eine zeitweilige Sorge zu einer chronischen, andauernden Furcht wird.

Eine weitere verborgene Gefahr, die oft mit Furcht und Besorgnis einhergeht, sind Depressionen. Wir blicken zurück und denken über all die Dinge nach, die wir in unserem Leben getan haben, und dann sind wir entmutigt, weil wir wissen, dass wir sie nie wieder werden tun können. Gemäß der Aussage von Ärzten gehören Depressionen zu den häufigsten und schwerwiegendsten Problemen, mit denen alte Menschen zu kämpfen haben, obwohl sie in vielen Fällen nicht erkannt werden. Die üblichen Symptome wie Müdigkeit, Vergesslichkeit und das Gefühl der Einsamkeit werden oft leichtfertig als Begleiterscheinungen des Alterns abgetan, obwohl sie behandelt werden könnten.

Eine ganz andere verborgene Gefahr ist Ärger. Niemand mag es, die Kontrolle über sein Leben zu verlieren. Wir alle wollen unabhängig bleiben, wenn wir älter werden. Aber oft ist das nicht möglich, und das zu akzeptieren ist nicht leicht für uns.

„Ich habe meine Mutter noch nie so gesehen", sagte einmal jemand zu mir. „Sie war immer so sanft, aber jetzt schlägt sie jedes Mal um sich, wenn ich in ihr Zimmer komme. Ich weiß, was mit ihr los ist: Sie hasst es, nicht mehr zu Hause leben zu können und davon abhängig zu sein, dass andere sich um sie kümmern. Aber es gab wirklich keine andere Möglichkeit mehr." Unzählige andere könnten dasselbe berichten. Manchmal richtet sich der Ärger dieser Menschen nicht nur auf andere, sondern auch auf Gott: „Wenn Gott mich wirklich liebte, würde er nicht zulassen, dass das passiert."

Einer meiner Freunde sagte kürzlich: „Die Menschen scheinen mit zunehmendem Alter entweder besser oder bitter zu werden." Leider gewinnt die Bitterkeit oft die Oberhand.

Es gibt noch eine weitere Gefahr, die sich bei uns einschleichen kann, wenn wir älter werden: große Einsamkeit und sogar das Gefühl, völlig verlassen zu sein.

„Niemand interessiert sich dafür, was mit mir passiert", sagte neulich eine Frau in einem Pflegeheim zu mir. „Meine Kinder leben in anderen Teilen des Landes und besuchen mich nur selten. Ich weine mich oft in den Schlaf. Ich fühle mich so allein."

Mein Herz flog ihr zu, obwohl ich wusste, dass es in dieser Einrichtung noch mehr Menschen gab, die in einer ganz ähnlichen Situation waren.

Manchmal lassen sich ältere Menschen in ihrer Einsamkeit zu unklugen Entscheidungen hinreißen. Beispielsweise heiraten sie jemanden, den sie kaum kennen, oder geben große Summen für etwas aus, das sie gar nicht brauchen, nur weil ein Verkäufer freundlich zu ihnen ist.

Vor vielen Jahren hatte ich eine Tante in Orlando, Florida. Sie hatte nie geheiratet, aber im Lauf ihres Lebens erwarb sie ein ansehnliches Immobilienvermögen. Wie wir später herausfanden, hatte sich, als sie schon recht betagt war, ein Mann mit einer einnehmenden Persönlichkeit mit ihr angefreundet und sich ihr Vertrauen erschlichen. Er überzeugte sie davon, einen großen Teil ihrer Immobilien zu verkaufen und bot ihr an, den Erlös für sie zu investieren. Kurz bevor sie starb, entdeckte sie, dass der größte Teil ihres Geldes verschwunden war. Der Mann hatte sie schlichtweg ausgenutzt, und ihre Einsamkeit hatte ihm die Tür dafür geöffnet.

Eine letzte Gefahr besteht darin, dass wir so sehr mit unseren eigenen Problemen und Sorgen beschäftigt sind, dass wir nicht mehr an andere denken können.

„Niemand ist egozentrischer als ein kranker Mensch", sagte mir einmal eine Pflegeschwester, nachdem sie einen besonders schwierigen Patienten versorgt hatte.

Ich fürchte, damit hat sie oft recht. Manchmal muss ich mich regelrecht zwingen, meine Gedanken von dem Problem, das mich gerade beschäftigt, abzulenken und mich auf die Bedürfnisse anderer zu konzentrieren. Hiob hatte dasselbe Problem: In seinem Schmerz und seinem Leid hatte er anscheinend all die geistlichen Wahrheiten vergessen, mit denen er früher andere in ihren Schwierigkeiten ermutigt hatte. Einer seiner Freunde ermahnte ihn deshalb:

Früher hast du vielen Menschen Mut gemacht;
du hast die gestärkt, deren Hände kraftlos wurden.
Wer ins Stolpern geriet, den richteten deine Worte auf,
und wer beinahe in die Knie ging, fand bei dir Halt.
Doch kaum bricht das Unglück über dich herein,
verlierst du den Mut ...

Macht es dich nicht zuversichtlich, dass du Gott stets gefürchtet hast?
Hiob 4,3-6

Wenn Christus im Zentrum steht

Wie aber überwinden wir die Gefahren, die uns jegliche Begeisterung für das Leben stehlen? Lassen Sie sich jeden Tag von den Verheißungen aus Gottes Wort tragen. Wenden Sie sich ihm zu, beten Sie ständig zu ihm und vertrauen Sie darauf, dass er Sie hört und dass Jesus jetzt bei seinem Vater für Sie eintritt. Richten Sie Ihre Gedanken auf ihn und halten Sie Kontakt zu anderen Christen, die Sie ermutigen und unterstützen können. Die Worte aus der Bibel sind wahr: „… weder Tod noch Leben, weder Engel noch Gewalten, weder Gegenwärtiges noch Zukünftiges, … noch irgendein anderes Geschöpf uns wird scheiden können von der Liebe Gottes, die in Christus Jesus ist, unserem Herrn " (Römer 8,38-39).

In den Wochen vor ihrem Tod wiederholte meine Frau Ruth diese Verse immer wieder für uns. Ruth dachte immer an andere. Diese Herzenshaltung bewirkte, dass sie nie ihre Freude verlor, obwohl sie viel Schweres im Leben durchmachte. Sie konzentrierte sich nie auf ihre Probleme, sondern richtete ihre ganze Aufmerksamkeit auf Christus, und er führte sie stets zu Menschen, die ein Wort der Ermutigung brauchten oder einfach nur jemanden, der ihnen zuhörte.

Meine Schwester Catherine verbrachte die letzten Jahre vor ihrem Tod in einem Pflegeheim. Ihre Beweglichkeit war eingeschränkt und ihre Gesundheit angeschlagen. Dennoch kannte sie sämtliche anderen Bewohner des Heims und hörte sich geduldig ihre Sorgen an. Sie ließ sie das Mitgefühl Christi spüren und hatte viele Gelegenheiten, von ihm zu erzählen. Jesus gebrauchte sie sogar in der Zeit ihrer Schwäche.

Und es gibt noch mehr Beispiele dieser Art: Jemand erzählte mir von einer 86-jährigen Dame, die an einer kräftezehrenden Krankheit leidet, aber dennoch jeden Sonntag nach der Kirche in das Pflegeheim in ihrem Ort geht, um deren Bewohner zu besuchen, ihnen aus der Bibel vorzulesen und für sie zu beten. Sie freut sich immer schon die ganze Woche darauf. Sie richtet ihren Blick auf andere.

Eine 96-jährige Großmutter sagte mir: „Ich bin oft ganz alleine zu Hause. Dann setze ich mich einfach in meinen Sessel und gehe meine Gebetsliste durch. Meine Güte, es gibt so viele Menschen, die Gebet brauchen, dass mir fast die Zeit nicht reicht."

Eine andere Dame, die bald das stolze Alter von 100 Jahren erreicht hat, freut sich jede Woche schon darauf, dass sie mithelfen darf, den „alten Leuten" Essen auf Rädern zu bringen. Auch sie richtet ihren Blick auf andere.

Gott segnet Menschen, die andere segnen, und er schenkt denjenigen Gnade, die ihren Blick auf das gerichtet halten, was ihm gefällt.

Das Leben ist selten einfach, wenn wir älter werden, aber das Alter hält auch besondere Freuden für uns bereit – wir können mehr Zeit mit unserer Familie und unseren Freunden verbringen, wir sind der Verantwortung, die wir früher trugen, enthoben und können die kleinen Dinge genießen, die uns früher entgangen sind. Und wenn wir lernen, jeden Tag in seine Hände zu legen, können die goldenen Jahre eine Zeit sein, in der wir Christus näherkommen – und das ist die größte Freude des Lebens.

Mit Gottes Kraft auf das Ziel zu

Wahre Freude finden wir nur in unserer Abhängigkeit von Jesus. Er gibt uns Stärke in unserer Schwachheit, denn wenn wir schwach sind, ist er stark (siehe 2. Korinther 12,10). Obwohl es wichtig ist, dass wir unsere Angelegenheiten in Ordnung halten, dürfen wir nicht vergessen, die Belange Gottes zum Zentrum unseres Denkens und Tuns zu machen. Das war sicher auch das Bestreben des Propheten Haggai, der im Alter von etwa 70 Jahren das zweitkürzeste Buch der Bibel schrieb.

Nach der Gefangenschaft durch die Babylonier bekam Haggai die Anweisung von Gott, den Tempel in Jerusalem wiederaufzubauen. Daraufhin wandte er sich an Gottes Volk und tadelte die Menschen dafür, dass das Haus Gottes in ihrem Land in Trümmern lag. „Seht doch mit dem Herzen auf euren Weg! Ihr habt auf vieles gehofft, doch bekamt ihr nur wenig ... Weil mein Haus in Trümmern liegt, während ihr euch eifrig Häuser baut ..." (Haggai 1,7.9).

Was mich in diesem nur zwei Kapitel umfassenden Buch bewegt, ist, wie Haggai die Menschen zurechtwies und gleichzeitig ermutigte. Haggai regte Gottes Volk dazu an, sich um Gottes Belange zu kümmern und sein Haus wiederaufzubauen, indem er ihnen Hoffnung gab. „Fasse Mut … Denn ich bin mit euch …" (Haggai 2,4).

Es ist gut, wenn es uns gelingt, unsere persönlichen Angelegenheiten zu regeln, doch sollte unser Bestreben in dieser Hinsicht nie dazu führen, dass wir ein weit wichtigeres Ziel aus den Augen verlieren: unsere geistlichen Angelegenheiten in Ordnung zu bringen. Wenn wir in diesem Punkt nachlässig sind, versäumen wir die Freude und den Sinn des Lebens.

In der Bibel heißt es: „Ein weiser Mann ist stark, und ein verständiger Mensch nimmt zu in seiner Kraft" (Sprüche 24,5; SLT). Und diese Kraft finden wir in der Weisheit Gottes, die uns allen, jung oder alt, gleichermaßen zur Verfügung steht.

Sind Sie nur darum besorgt, Ihre Angelegenheiten innerhalb der engen Grenzen dieser Welt zu regeln? Oder machen Sie Christus zum Mittelpunkt Ihres Lebens, weil Sie die Gewissheit haben, dass Sie die Ewigkeit mit ihm verbringen werden – an dem Ort, wo Hoffnung zur Realität wird? Ihre Kraft mag schwinden, aber er will Sie aufrichten und Ihnen in Ihrer Schwachheit neue Kraft geben. Wenn Ihr Glaube verblasst, bitten Sie Jesus, ihn neu zu entfachen. Rufen Sie sich ins Gedächtnis zurück, was er alles für Sie getan hat, und seien Sie stark, denn: „Mein Geist bleibt bei euch … Deshalb fürchtet euch nicht!" (Haggai 2,5).

Die Bestimmung des Todes

Die Zeit kommt, ... in der die Toten die Stimme des Sohnes Gottes hören werden. Und wer sie hört, wird leben.
Johannes 5,25

Ich bin immer noch im Land der Sterbenden, aber ich werde bald im Land der Lebenden sein.
John Newton

Auf einer Internetseite las ich die Überschrift: „Ursache Nummer eins für das Sterben ist der Tod." Was damit ausgedrückt werden soll, ist offensichtlich: Der Tod ist unvermeidbar!

Niemand kann dem Tod entkommen. Letzten Endes wird er uns alle ereilen. Als mich 2006 ein Reporter der amerikanischen Zeitschrift Newsweek in einem Interview fragte, wie ich über den Tod dachte, antwortete ich, dass ich zwar mein ganzes Leben lang gelehrt worden war, wie man stirbt, aber nicht, wie man alt wird. Diese Aussage erregte großes Interesse, und so entstand die Idee, dieses Buch zu schreiben.

Ich bin sicher kein Experte, was das Altern angeht, aber nachdem ich nun einige Erfahrung damit habe, muss ich zugeben, dass im Alter nicht alles besser wird. Wenn ich heute die folgenden Verse aus dem Buch Prediger lese, merke ich, dass ich zu einem ganz neuen Verständnis ihrer Aussage gelangt bin und sie viel mehr zu schätzen weiß:

Denk an deinen Schöpfer, solange du jung bist.
Warte damit nicht, bis ...
die Tage für dich beschwerlich werden ...
Denk an deinen Schöpfer,
bevor der silberne Faden des Lebens reißt ...
Prediger 12,1.6

Als junger Prediger hatten diese Verse eine andere Bedeutung für mich als heute. Was mich jetzt beeindruckt, ist, dass Salomo, der weiseste König, der je über Israel herrschte, die Jungen drängte, diese Verse zu lesen, „solange sie jung waren" und „bevor die Tage für sie beschwerlich wurden".

Als ich noch jung war, konnte ich mir nicht vorstellen, alt zu sein. Meine Mutter und der Kinderarzt waren sich darüber einig, dass ich über ein ungewöhnliches Maß an Energie verfügte, das mir auch als junger Erwachsener noch erhalten blieb. Als ich dann in die mittleren Jahre kam, hatte ich zuweilen mit körperlicher Erschöpfung zu kämpfen, doch mein Verstand arbeitete weiterhin stets auf Hochtouren, und wenn ich eine anstrengende Zeit hinter mir hatte, dauerte es nie lange, bis meine Kräfte zurückkehrten.

Heute werde ich schon müde, wenn ich nur über diese Zeit nachdenke. Ich frage mich, wie ich es jemals schaffen konnte, einen derart dicht gedrängten Reiseplan einzuhalten. Ich kämpfte auf jede erdenkliche Weise gegen das Älterwerden an. Ich trieb regelmäßig

Sport und achtete darauf, meine Kräfte einzuteilen, als ich merkte, dass ich begann, ein alter Mann zu werden. Das war keine Veränderung, die ich willkommen hieß, und ich begann mich vor dem zu fürchten, was mir noch bevorstand.

Meine Frau Ruth hingegen besaß die Gabe, traurige Menschen – vor allem mich – aufzuheitern und dafür zu sorgen, dass ihnen ein wenig leichter ums Herz wurde. Ich werde nie vergessen, wie sie mir sagte, was einmal auf ihrem Grabstein stehen sollte. All diejenigen, die Ruth ihren Respekt erwiesen, indem sie ihr Grab neben der Billy Graham Library besuchten, konnten sehen, dass ihr Wunsch genauestens befolgt worden war.

Lange Zeit, bevor sie bettlägerig wurde, fuhr sie einmal auf dem Highway durch eine Baustelle. Gewissenhaft folgte sie der Umleitung und den im Abstand von wenigen Kilometern aufgestellten Warnschildern, bis sie schließlich beim letzten Schild ankam, auf dem stand: „Ende der Baustelle. Vielen Dank für Ihre Geduld."

Zu Hause angekommen berichtete sie der Familie kichernd von dem Schild. „Wenn ich sterbe, soll das auf meinem Grabstein stehen", sagte sie fröhlich, aber ihre Bitte war durchaus ernst gemeint.

Sie schrieb den Text sogar auf, damit wir ihn nicht vergaßen. Obwohl wir mit ihr darüber lachten, gefiel auch uns der tiefere Sinn, den sie diesen wenigen Worten beimaß.

Jeder Mensch befindet sich von seiner Geburt an bis hin zu seinem Tod im Prozess der Veränderung. Das

Leben eines jeden ist geprägt von Fehlern und Lernen, von Warten und Wachsen, und wir alle müssen uns in Geduld und Ausdauer üben. Mit dem Ende unseres Lebens – dem Tod – haben wir diesen Prozess abgeschlossen.

Du hast alles in mir geschaffen ...
Du hast zugesehen,
wie ich im Verborgenen gestaltet wurde,
wie ich gebildet wurde im Dunkel des Mutterleibes.
Jeder Tag meines Lebens war in deinem Buch geschrieben. Jeder Augenblick stand fest,
noch bevor der erste Tag begann.
Psalm 139,13.15-16

Der Tod ist das Ende allen Schaffens. Wir können unserer Erfahrung nichts hinzufügen, aber Menschen, die an Christus glauben, haben die Hoffnung, den Retter sagen zu hören: „Gut gemacht, mein guter und treuer Diener" (Matthäus 25,21).

Der Apostel Paulus sagte den Christen, wie sie leben sollten: „... gewurzelt und auferbaut in ihm und gefestigt im Glauben ..." (Kolosser 2,7). Das ist ein Teil des Prozesses, den wir in unserem Leben durchlaufen. Aber in der Bibel heißt es: „Wenn unser irdisches Zelt abgebrochen wird, haben wir eine Wohnung von Gott, ein nicht von Menschenhand gebautes ewiges Haus in den Himmeln" (2. Korinther 5,1; NeÜ).

Als Ruth von ihrem schmerzgeplagten Körper getrennt wurde und der Prozess ihres Lebens abgeschlossen war, fand sie andauernden Frieden. Jetzt lebt sie in der Ewigkeit.

Im Westen North Carolinas erstreckt sich ein Ausläufer des Highways bis in die Berge hinein, an dem schon viele Jahre gebaut wird. Das Gelände dort ist sehr felsig. Das Straßenverkehrsamt in North Carolina hat die Aufgabe, Felsen und abgestorbene Baumwurzeln zu sprengen, um so einen gut befahrbaren Weg in die höher gelegenen Teile des Landes zu bahnen. Auf dieser Strecke kommt es häufig zu Behinderungen, sei es, dass Fahrzeuge in Felsspalten stecken bleiben oder aufgrund kurzzeitiger Straßensperren an der Weiterfahrt gehindert werden. Blinkende Warnhinweise erleuchten die Nacht, während sich die Straße durch die Hügel schlängelt und den Fahrern den Weg durch das Labyrinth weist. Wenn die Menschen, die oben auf dem Berg leben, das willkommene Schild „Ende der Baustelle" sehen, wissen sie, dass sie nicht mehr weit von zu Hause entfernt sind.

Ich kenne viele Eltern, die in diesem Teil des Staates leben und stets voller Sorge sind, wenn ihre Teenager wieder einmal auf dem Weg den Berg herauf oder hinunter sind. Sie kommen erst dann zur Ruhe, wenn sie wissen, dass sie sicher an ihrem Ziel angekommen sind.

Manchmal gleicht das Leben so einer Autofahrt bei tückischen Straßenverhältnissen. Da sind Schlaglöcher, die uns durchrütteln, Umleitungen, die uns vom direkten Weg abbringen, und Verkehrsschilder, die uns vor Gefahren warnen. Die Bestimmung der Seele und des Geistes sind für Gott von größter Wichtigkeit. Deshalb bietet er uns täglich seine Führung an.

Manche achten aufmerksam auf Gottes Hinweise, andere ignorieren sie und preschen an den Blinklichtern vorbei. Aber letzten Endes erreicht jeder einmal seinen letzten Bestimmungsort: die Tür zum Tod. Hier werden Körper und Seele getrennt.

Noch am Kreuz lehrte uns Jesus, dass der Tod der Augenblick ist, in dem der Geist eines Menschen in die Gegenwart Gottes übergeht (siehe Lukas 23,46). Der Psalmist erklärte: „… Gott wird meine Seele aus der Gewalt des Totenreichs erlösen …" (Psalm 49,16; SLT). Haben Sie Ihre Seele in die Hände Ihres Schöpfers gelegt? Beachten Sie die Warnzeichen, die Gott in seinem Wegweiser, der Bibel, aufgestellt hat?

Vielleicht sagen Sie jetzt: „Aber, Billy, ich nähere mich dem Ende des Lebens. Ich bin kein schlechter Mensch."

Schon viele, Junge wie Alte, haben das gesagt, als sie über den Tod nachdachten, aber es ist meine Pflicht, Ihnen die Wahrheit aus Gottes Wort zu sagen: „Denn alle Menschen haben gesündigt und das Leben in der Herrlichkeit Gottes verloren" (Römer 3,23).

Während eines Besuchs in der Billy Graham Library erzählte mir eine Frau die folgende Geschichte: „Meine herzige, 76-jährige Mutter, die in meinen Augen nie etwas Falsches getan hat, tat sich immer sehr schwer mit meiner Überzeugung, dass gemäß der Bibel alle Menschen als Sünder geboren werden. Ich betete jahrelang dafür, dass sie ihre Sünde erkannte und davon umkehrte. Ich wünschte mir so sehr, dass sie die Erlösung erfuhr, die wir allein in Christus finden, und sich die Verheißung, die Ewigkeit mit ihm zu verbringen, für sie erfüllte. Als ich einen Anruf bekam, dass meine Mutter im Sterben lag, reiste ich von Europa zu ihr nach Florida. Sie nahm meine Hand und sagte: ‚Mein Liebling, sei nicht traurig, wenn ich gegangen bin. Der Herr hat mich gerettet.' Ich fragte: ‚Mutter, wie kam das?' Sie sagte: ‚Als ich nicht mehr allein zurechtkam und schließlich so schwach wurde, dass ich an dieses Bett gefesselt war, wurde mir klar, dass ich am Ende meiner selbst angekommen war. Ich hatte keine Kontrolle mehr über mein Leben. Ich fühlte mich in meinem eigenen Haus verloren. Die Frau von dem häuslichen Pflegedienst, die zu mir kam, las mir geduldig vor, manchmal auch aus der Bibel: ‚Keiner ist gerecht – nicht ein Einziger' (Römer 3,10); ‚Richtet nun euer Herz und eure Seele darauf, den Herrn, euren Gott, zu suchen!' (2. Chronik 22,19; ELB) und ‚Der Menschensohn ist gekommen, um Verlorene zu suchen und zu retten' (Lukas 19,10). Diesen Moment werde ich nie vergessen. Als ich die reizende Dame traf, die meine Mutter so treu zu Jesus geführt hatte, war ich verblüfft über ihre Vitalität. Sie war im selben Alter wie meine Mutter. Es war mir ein großer Trost, als ich erkannte, dass Gott uns ganz unabhängig von unserem Alter dafür gebrauchen will, anderen beizustehen, wenn wir uns ihm zur Verfügung stellen."

In der Bibel heißt es: „Ein ehrlicher Zeuge rettet Leben …" (Sprüche 14,25). Den Lebenden gehen die Gelegenheiten dafür nie aus, die Frage ist nur, ob wir sie auch nutzen, wie diese Frau von dem häuslichen Pflegedienst. Manchmal kommt der Tod plötzlich und unerwartet. Die klagenden Worte: „Ich konnte mich nicht einmal mehr verabschieden", habe ich wohl schon Dutzende von Malen gehört. Und noch viel tragischer ist die Erkenntnis, dass wir bei diesem Menschen unsere letzte Chance, ihm vom Evangelium zu erzählen, verpasst haben.

Je älter die Menschen werden, umso weniger überrascht uns ihr Tod. Oft geht ihm eine lange Zeit voraus, in der sie gesundheitlich immer mehr abbauen. Vielleicht bietet sich den Familienmitgliedern sogar die Gelegenheit, sich bei dem Sterbenden zu versammeln und in seinen letzten Stunden bei ihm zu sein. So war es auch bei Ruth.

„Ihr Körper fährt seine Funktionen herunter", sagte mir der Arzt ganz offen. „Es kann noch einige Tage dauern, bis sie stirbt, aber der Prozess hat begonnen. Sie müssen darauf vorbereitet sein."

Zwei Wochen später versammelten wir uns an ihrem Bett. Ihr Atem wurde immer flacher. Ich saß an ihrer Seite und hielt ihre Hand. Unsere Tochter Anne stand neben mir.

Plötzlich sagte Anne: „Sie ist im Himmel."

Ruth atmete nicht mehr und ihre Hand glitt aus meiner. Ihre Leidensjahre waren vorüber – sie war in ihr ewiges Zuhause eingetreten.

Die Erinnerungen an diese letzten Monate werden mich für den Rest meines Lebens begleiten: Ihre zunehmende Zerbrechlichkeit, ihr Leiden, die Liebe, die sie uns zeigte, unsere gemeinsamen Gebete und ihre Gewissheit – ja, sogar Freude –, dass sie bald bei Jesus sein würde, den sie schon so viele Jahre liebte und dem sie stets treu gedient hatte.

Wenn ich an diese Tage zurückdenke, bekommen die vertrauten Worte aus Psalm 23 eine ganz neue Bedeutung für mich, denn sie beschreiben so treffend Ruths Zuversicht, als sie spürte, dass sich ihre Zeit auf der Erde dem Ende neigte: „Auch wenn ich durch das dunkle Tal des Todes gehe, fürchte ich mich nicht, denn du bist an meiner Seite. Dein Stecken und Stab ... trösten mich. Deine Güte und Gnade begleiten mich alle Tage meines Lebens, und ich werde für immer im Hause des Herrn wohnen" (Psalm 23,4.6).

Ein Leben in Trauer

Während ich dieses Buch schreibe, ist es schon fast vier Jahre her, dass Ruth zu Jesus nach Hause ging. Ich spüre ihren Verlust jetzt deutlicher. Es vergeht kein Tag, an dem ich mir nicht vorstelle, wie sie zur Tür meines Büros hereinkommt oder wie wir gemäß unserer Gewohnheit zusammen auf unserer Veranda sitzen, uns an den Händen halten und zusehen, wie die Sonne über den Berggipfeln untergeht.

Ich frage mich oft, warum das so ist. Sollte unsere Trauer über den Verlust eines geliebten Menschen nicht mit der Zeit verblassen? Ja, das sollte sie, und in gewisser Hinsicht war das auch bei mir der Fall. In anderer Hinsicht jedoch nicht, und ich erwarte auch nicht, dass das irgendwann geschehen wird.

Einer der Gründe liegt, glaube ich, darin, dass die Zeit, die mir am stärksten in Erinnerung geblieben ist, die letzten Tage vor ihrem Tod waren – ihre Schwäche, ihre Schmerzen und ihre Sehnsucht nach dem Himmel. So sehr ich mir auch gewünscht hätte, dass sie bei uns blieb, wusste ich doch, dass der Tod für sie eine willkommene Erlösung von den Belastungen dieses Lebens war. Aber mit der Zeit kehren auch viele Erinnerungen an glückliche Momente zurück, die wir während unserer über 63 Jahre dauernden Ehe erlebten.

Ich lasse unsere letzten Jahre Revue passieren, in denen wir mehr Zeit miteinander verbringen konnten, weil ich nicht mehr so viel reiste. Das waren einige der besten Jahre unseres Lebens – es war fast, als hätten wir uns aufs Neue ineinander verliebt. Diese Erinnerungen haben mein Gefühl des Verlusts noch verstärkt.

Der andere Grund, warum mich ihr Tod immer noch so tief berührt, besteht darin, dass sich mein Kummer mit einem neuen Gefühl der Erwartung vermischt – der Gewissheit, dass Jesus auch mich bald zu sich holen wird und Ruth und ich in Kürze im Himmel wieder vereint sein werden. Ich freue mich mehr denn je auf diesen Tag!

Die Trauer um unsere Verluste

Die Trauer ist eine Realität. Diejenigen, die sagen, wir sollten den Verlust eines geliebten Menschen nicht betrauern, weil „es ihm jetzt besser geht", können nicht verstehen, welch große Leere nach dessen Tod in unserem Herzen zurückbleibt. Ja, es mag ihm besser gehen, wenn er im Himmel ist, aber das gilt nicht für uns. Mit dem geliebten Menschen wurde uns einer der wichtigsten Teile unseres Lebens entrissen, und ebenso wie eine Wunde nach einer größeren Operation Zeit braucht, um zu heilen, braucht es auch seine Zeit, bis sich die Wunde, die der Tod eines geliebten Menschen in unserem Herzen hinterlässt, schließt und abheilt.

Paulus' Worte an die Thessalonicher sind wahr: „Ihr sollt nicht trauern wie die Menschen, denen die Hoffnung ... fehlt" (1. Thessalonicher 4,13; Hfa). Aber dennoch trauern wir, und so sollte es auch sein. Jesus weinte, als er am Grab seines Freundes Lazarus stand, obwohl er wusste, dass er ihn in Kürze wieder zum Leben erwecken würde (siehe Johannes 11,35).

Meine Erfahrungen mögen andere sein als die Ihren, aber letztendlich werden wir alle einmal Trauer verspüren. Vielleicht ist es Ihnen bisher erspart geblieben, den Tod Ihres Ehepartners hinnehmen zu müssen, und möglicherweise haben Sie noch nie einen Menschen verloren, der Ihnen nahestand, wie einen Elternteil oder Ihre Großeltern. Aber vielleicht wurden Sie auch auf grausame und tragische Weise in tiefe Trauer gestürzt – durch den Tod eines Kindes, eines Verwandten oder Ihres Ehepartners, der durch einen Unfall oder einen Herzinfarkt ganz plötzlich von Ihnen genommen wurde. Doch welche Erfahrungen wir auch gemacht haben, die folgenden Worte aus der Bibel sind wahr:

Alles hat seine Zeit,
alles auf dieser Welt hat seine ihm gesetzte Frist:
Geboren werden hat seine Zeit wie auch das Sterben.
Prediger 3,1-2

Trauerbewältigung

Wie aber können wir unsere Trauer nun bewältigen? Ich will Ihnen vier Schritte nennen, die mir geholfen haben – nicht nur in der Trauer über Ruths Tod, sondern auch, als ich im Lauf der Jahre über den Tod meiner Eltern, meines Bruders und besten Freundes Melvin, meiner Schwester Catherine, Ruths Mutter und Vater und anderer Verwandter hinwegkommen musste.

Akzeptieren Sie Ihre Gefühle

Zunächst einmal sollte Ihre Trauer Sie nicht überraschen, und Sie sollten sie weder verleugnen noch sich dafür schuldig fühlen. Auch wenn der Tod eines Menschen, den wir lieben, zu erwarten war, werden wir ihn vermissen und unseren Verlust betrauern. Es kann auch Zeiten geben, in denen Sie ganz plötzlich und unerwartet von Trauer überwältigt werden.

Eine Frau schrieb mir einmal: „Mein Mann starb letztes Jahr. Eigentlich glaubte ich, meine Trauer mittlerweile überwunden zu haben, aber vor ein paar Tagen ging ein Mann an mir vorbei, der mich an ihn erinnerte, und plötzlich flossen meine Tränen wieder."

Trauer ist ein Prozess. Sie verschwindet nicht über Nacht – auch wenn wir wissen, dass das Leiden unseres geliebten Menschen jetzt ein Ende hat und er sicher im Himmel ist. Wenn der Tod uns jemanden nimmt, den wir lieben, sind wir zunächst möglicherweise wie betäubt – vor allem wenn sein Tod völlig unerwartet kam. Vielleicht wird uns sogar gesagt, wie gut wir mit unserer Trauer umgehen. Aber wenn das Gefühl der Taubheit nachlässt und wir beginnen, wirklich zu begreifen, was passiert ist, werden wir möglicherweise Phasen erleben, in denen uns große Traurigkeit und tiefer Kummer überfallen.

Menschen, die eine solche Trauer noch nie erlebt haben, können das oft nicht verstehen, aber deshalb sollten wir weder denken, wir seien nicht normal, noch sollten wir unsere Gefühle verleugnen und so tun, als sei alles in bester Ordnung.

Eine Frau sagte einmal: „Ich verstand nicht, warum meine Freundin sich nicht einfach zusammenriss und aufhörte, um ihre verstorbene Mutter zu trauern. Aber dann starb mein Bruder und plötzlich verstand ich es."

Richten Sie Ihren Blick auf die Zukunft

Ein zweiter Schritt, den ich in Zeiten meiner Trauer als hilfreich empfunden habe, lautet: Konzentrieren Sie sich nicht nur auf die Vergangenheit, sondern richten Sie Ihr Herz und Ihren Sinn auch auf die Zukunft. Wenn jemand, der uns nahesteht, stirbt, ist es ganz natürlich, dass wir uns darauf konzentrieren, was er uns in der Vergangenheit bedeutet hat. Wir erinnern uns an die guten Zeiten, die wir zusammen erlebt haben, und daran, wie unsere Liebe uns auch durch harte Zeiten hindurchgetragen hat. Gleichzeitig wird uns die erbarmungslose Endgültigkeit des Todes bewusst und wir erkennen wie nie zuvor, dass die Vergangenheit für immer vorüber ist und nie wiederkommen wird. All diese Gedanken und Gefühle sind keineswegs falsch, sondern absolut natürlich.

Wenn wir die Nachricht vom Tod eines Freundes oder eines Verwandten bekamen, sagte Ruth oft: „Für ihn ist das schön, für uns ist es traurig."

Aber wenn einige Zeit vergangen ist, müssen wir unsere Gedanken auch wieder auf unsere Zukunft richten. Das ist nicht einfach, weil wir wissen, dass die Monate und Jahre, die vor uns liegen, von Schmerz und dem Gefühl der Leere geprägt sein werden. Es ist leichter, sich auf die Erinnerungen aus der Vergangenheit zu konzentrieren. Aber es gibt immer noch Menschen, die uns lieben und brauchen, und wir tragen immer noch Verantwortung. Und vor allem ist Gott noch nicht fertig mit uns. Er hat immer noch einen Plan für den Rest unseres Lebens.

Wir sollten uns Paulus' Worte hinsichtlich seiner geistlichen Reise zu Herzen nehmen – auch in Zeiten der Trauer: „… ich setze meine ganze Kraft für dieses Ziel ein. Indem ich die Vergangenheit vergesse und auf das schaue, was vor mir liegt, versuche ich, das Rennen bis zum Ende durchzuhalten und den Preis zu gewinnen, für den Gott uns durch Christus Jesus bestimmt hat" (Philipper 3,13-14).

Manchmal jedoch bricht die Zukunft auf eine Art und Weise über uns herein, die wir lieber vermeiden würden. Niemand befasst sich gern mit den gesetzlichen und finanziellen Angelegenheiten, die nach dem Tod eines Menschen geregelt werden müssen. Niemand übernimmt gern die Aufgabe, den Kleiderschrank oder den Schreibtisch eines verstorbenen

Ehepartners auszuräumen. Ich bin sehr dankbar, dass meine Kinder mir nach Ruths Tod bei diesen Dingen geholfen haben. Lassen Sie sich jedoch nicht dazu drängen, übereilte oder schlecht durchdachte Entscheidungen zu treffen, die Sie später möglicherweise bereuen.

Wenn wir uns zwingen, unser Herz und unseren Sinn auf die Zukunft zu richten, bedeutet das, dass wir akzeptieren, was geschehen ist und – Schritt für Schritt – lernen, damit zu leben. Es bedeutet auch, dass wir beginnen, unser normales Leben wieder aufzunehmen und unsere Kontakte zu pflegen – nicht unbedingt alle auf einmal, doch wir sollten der Versuchung widerstehen, uns dauerhaft zurückzuziehen. Vielleicht müssen wir eine ganz bewusste Willensentscheidung treffen, um zu unserer gewohnten Routine zurückzukehren, aber es ist sehr wichtig, dass wir es tun.

Viele Menschen, die jemanden verloren haben, der ihnen nahestand, haben das Gefühl: „Niemand versteht, was ich durchmache." Das mag vielleicht sogar zutreffen, aber dennoch sollte Ihnen das nicht als Entschuldigung dafür dienen, sich zu isolieren oder in Passivität zu verharren.

Helfen Sie anderen

Ein dritter Schritt, um Heilung für Ihre Trauer zu erlangen, besteht darin, dass Sie anfangen, sich nach anderen auszustrecken, die Ihre Hilfe brauchen.

Ich hörte einmal von einem Pastor, der seine Predigten immer mit den Worten beendete: „Denken Sie daran: Jeder, den Sie in der nächsten Woche treffen, trägt eine schwere Last."

Im Lauf der Zeit habe ich festgestellt, dass er damit recht hatte. Ich habe noch nie jemanden getroffen, der nicht mit irgendeinem Problem oder einer Belastung zu kämpfen hatte. Aber Gott will uns helfen, unsere Last zu tragen, und das tut er unter anderem dadurch, dass er Menschen in unser Leben schickt, die unsere Last mit uns teilen. Trauer ist eine schwere Last, und wir müssen zulassen, dass andere uns darin begleiten und uns helfen, sie zu tragen, statt zu versuchen, sie allein zu schultern.

Paulus erinnert uns: „Helft euch gegenseitig bei euren Schwierigkeiten und Problemen, so erfüllt ihr das Gesetz, das wir von Christus haben" (Galater 6,2) und: „Sind andere Menschen glücklich, dann freut euch mit ihnen. Sind sie traurig, dann begleitet sie in ihrem Kummer" (Römer 12,15).

Überall um Sie herum sind Menschen, die ebenfalls eine Last mit sich herumschleppen, und Gott kann Ihre Erfahrungen dazu gebrauchen, sie zu ermutigen und ihnen zu helfen. Gibt es in Ihrer Gemeinde oder Ihrer Nachbarschaft gerade jemanden, der die Last der Trauer trägt? Bitten Sie Gott, dass er Ihnen hilft, diesem Menschen ein Freund zu sein. Sie können besser verstehen, was er durchmacht, als die meisten anderen, und durch Ihr Interesse können Sie dazu beitragen, dass seine Last leichter wird. Manchmal brauchen die Menschen nur jemanden, der ihnen zuhört.

Und bitte bedenken Sie: Gott ist „... der Ursprung aller Barmherzigkeit und der Gott, der uns tröstet. In allen

Schwierigkeiten tröstet er uns, damit wir andere trösten können. Wenn andere Menschen in Schwierigkeiten geraten, können wir ihnen den gleichen Trost spenden, wie Gott ihn uns geschenkt hat" (2. Korinther 1,3-4). Und wenn wir uns nach anderen ausstrecken, helfen wir nicht nur ihnen, sondern auch uns selbst, weil wir von unserem eigenen Kummer abgelenkt werden.

Wenden Sie sich Gott zu

Der letzte Schritt im Umgang mit unserer Trauer ist auch der wichtigste. Bringen Sie die Last Ihrer Trauer zu Gott. Gott weiß, was Sie durchmachen, und er liebt Sie und will Ihnen helfen. Er weiß, wie es ist zu trauern, denn er musste zusehen, wie sein eigener Sohn umgebracht wurde.

Jesus war „… ein Mann der Schmerzen, mit Krankheit vertraut" (Jesaja 53,3). Aber er sagte: „Gott segnet die, die traurig sind, denn sie werden getröstet werden" (Matthäus 5,4).

Wie jedoch hilft Gott uns, mit der Trauer zurechtzukommen? Als Erstes versichert er uns seiner Gegenwart. Wir sind nie allein, wenn wir Christus kennen. Er lebt durch seinen Geist in uns. Auch wenn Sie seine Gegenwart nicht spüren, ändert das nichts an der Tatsache, dass er an jedem Augenblick des Tages bei Ihnen ist. Gottes Verheißung für Sie lautet:

Fürchte dich nicht, denn ich bin bei dir. Sieh dich nicht ängstlich nach Hilfe um, denn ich bin dein Gott: Meine Entscheidung für dich steht fest, ich helfe dir.

*Ich unterstütze dich, indem ich mit meiner siegreichen
Hand Gerechtigkeit übe.*
Jesaja 41,10

Darüber hinaus versichert er uns seiner Verheißungen. Gott kann nicht lügen. Und vom Anfang bis zum Ende der Bibel hat er uns „seine kostbaren und größten Zusagen geschenkt" (2. Petrus 1,4). Lesen Sie sie, studieren Sie sie, behalten Sie sie im Gedächtnis, vertrauen Sie auf sie und lassen Sie sie in Ihrer Seele wachsen und Frucht bringen.

Kurz nach Ruths Tod blätterte ich in einer ihrer alten Bibeln. Sie hatte Hunderte von Versen unterstrichen und viele von ihnen am Rand mit einem Kommentar versehen. Vor allem hatte sie Abschnitte in den Psalmen unterstrichen, in denen von Gottes Verheißung die Rede ist, in Zeiten der Not, der Trauer oder der Einsamkeit bei uns zu sein. Lesen Sie in Ihrer Trauer jeden Tag in Gottes Wort und lassen Sie sich von seinen Verheißungen tragen und ermutigen. Denken Sie daran:

*Bring deine Sorgen vor den Herrn,
er wird dir helfen. Er wird nicht zulassen,
dass der Gottesfürchtige stürzt und fällt.*
Psalm 55,23

Gott hilft uns auch, indem er uns seiner Güte versichert. Wenn wir einen geliebten Menschen verlieren, sind wir normalerweise nicht in der Lage, an irgendetwas anderes zu denken als an unsere Trauer und daran, wie leer unser Leben von nun an sein wird. Vielleicht sind wir sogar zornig auf Gott, weil er uns diesen geliebten Menschen genommen hat. Aber stattdessen sollten wir an Gottes Segnungen denken und dankbar sein. Dankbar für das Leben dieses geliebten Menschen, dankbar für alles, was er oder sie uns bedeutet hat, dankbar für die Jahre, die Gott uns zusammen geschenkt hat, und vor allem dafür, dass der Tod eine Seele in die ewige Gegenwart Gottes geleitet. Wenn wir jeden Tag eine dankbare Haltung haben, wird uns das sehr dabei helfen, über unsere Trauer hinwegzukommen.

Denken Sie an Ihre Freunde

Vielleicht müssen Sie sich gerade nicht mit dem Tod eines geliebten Menschen auseinandersetzen, und möglicherweise finden Sie es sogar ein wenig morbide, so intensiv darüber nachzudenken, solange die Situation nicht wirklich eingetreten ist. Aber auch wenn Sie in nächster Zeit nicht mit Trauer zu kämpfen haben werden, wird es bei anderen der Fall sein – bei Freunden, Kollegen, Verwandten oder Bekannten. Wie können Sie ihnen in ihrer Trauer helfen, auch wenn Sie nicht persönlich betroffen sind?

Es ist nicht immer einfach, an trauernde Menschen heranzukommen. Manche von ihnen sind stolz oder sehr verschlossen und nehmen uns unsere Bemühungen vielleicht sogar übel. Aber, wie ich festgestellt habe, gibt es mindestens drei Möglichkeiten, wie wir solchen Menschen ein wenig Rückhalt geben können.

Lassen Sie sie Ihre Anteilnahme spüren

Ein Mann sagte einmal zu mir: „Mir war nie klar, wie viel ein kurzer Brief oder eine Beileidskarte bewirken können, bis mein Vater starb. In dieser Situation bekamen solche Gesten eine größere Bedeutung für mich, als ich mir je hätte vorstellen können. Sie zeigten mir, dass die Menschen Anteil nahmen, das war sehr ermutigend."

Anteilnahme kann viele Formen haben. Sie können den Hinterbliebenen beispielsweise bei den Vorbereitungen für das Begräbnis helfen, ihnen zuhören, wenn sie über die Ereignisse der letzten Tage berichten oder ihnen einfach sagen, wie viel der Verstorbene Ihnen bedeutet hat. Im Lauf der Jahre haben Ruth und ich wohl Hunderte von Litern selbst gekochter Suppe an die Familien unserer Gemeinde verteilt, die sich zur Beerdigung eines geliebten Menschen versammelt haben. Suchen Sie nach Möglichkeiten zu helfen und dann tun Sie es, auch wenn Sie nur das Geschirr spülen oder eine Besucherliste führen. Aber seien Sie bitte sensibel. Manchen Menschen widerstrebt es, Hilfe von Menschen anzunehmen, die nicht zu ihren engen Freunden gehören.

Bleiben Sie in Verbindung

Wenn jemand vor Kurzem gestorben ist, herrscht oft rege Aktivität: Die Verwandten versammeln sich, es gehen viele Anrufe ein, es werden Blumen geschickt und Leute kommen vorbei, um ihr Beileid auszudrücken. Aber die Zeit vergeht, und so verhält es sich auch mit unserer Anteilnahme.

„Zuerst riefen alle an oder kamen vorbei", schrieb mir eine Frau, „aber jetzt, nur sechs Monate, nachdem Jim gestorben ist, ruft mich niemand mehr an und fragt, wie es mir geht. Es ist gerade so, als hätten sie mich vergessen."

Aber so sollte es nicht sein, vor allem nicht unter Christen. In der Bibel heißt es: „... begegnet einander mit Barmherzigkeit und Güte" (Sacharja 7,9).

Diesen Vers nahm ein ehemaliger Buchhalter zum Anlass, sich in seinem Ruhestand der Aufgabe zu widmen, anderen Menschen nach dem Tod ihres Ehepartners bei der Abwicklung der notwendigen Formalitäten zu helfen, wenn sie damit Schwierigkeiten hatten.

Ein weiterer Mann, von dem ich hörte, fährt an mehreren Tagen pro Woche kürzlich verwitwete ältere Menschen zu ihren Arztterminen.

Beten Sie für sie

Beten Sie, dass diese Menschen Gottes Trost erfahren und dass sie sich für den Frieden und die Hoffnung, die sie brauchen, Christus zuwenden. Wären Sie nicht auch froh zu wissen, dass andere für Sie beten, wenn Sie kürzlich Ihren Ehepartner verloren hätten?

Mit Gottes Trost auf das Ziel zu

Der Tod ist immer ein Eindringling, auch wenn er nicht unerwartet kommt. Er bewirkt, dass unser Leben aus den Fugen gerät und von Trauer überschattet wird. Niemand heißt den Schmerz, die Leere und die Einsamkeit willkommen, die nach dem Tod eines geliebten Menschen über uns hereinbrechen.

Aber Gott hat uns nicht verlassen, und auch in den Zeiten unseres größten Kummers ist sein Wort wahr: „Ich werde dich nie verlassen und dich nicht im Stich lassen" (Hebräer 13,5). Das ist eine wunderbare Verheißung, die uns angesichts von Trauer und Tod seine Gegenwart zusichert. Gottes Wort und sein Heiliger Geist, der in uns lebt, gewähren uns Halt und Kraft. Darüber hinaus gebraucht Gott auch andere Menschen, um uns Trost zu spenden. Wir sollten ihn bitten, uns die Menschen zu zeigen, die für uns beten.

Es wärmt mir immer das Herz, wenn ich in Paulus' Briefen seine Grüße an diejenigen lese, die ihm gedient und ihm in seinem Dienst zur Seite gestanden haben. Der folgende Vers gewährt uns eine besondere Einsicht: „Grüßt Rufus, den der Herr sich erwählt hat, sowie seine Mutter, die auch mir eine Mutter gewesen ist" (Römer 16,13). Rufus war der Sohn des Simon von Kyrene, der aus der Menge dazu bestimmt wurde, das Kreuz für Jesus zu tragen.

Paulus' Eltern werden in der Bibel nicht erwähnt, doch er spricht auf liebevolle und anrührende Weise über Rufus' Mutter. Auch wenn wir keine Details erfahren, scheint sich diese ältere Frau während Paulus' Dienst um ihn gekümmert zu haben.

Können Sie sich die Gespräche vorstellen, die Paulus und Rufus mit Simons Frau geführt haben müssen, als sie von dem Tag erzählte, an dem ihr Mann dazu ausersehen wurde, das Kreuz Jesu auf den Berg Golgatha, zu tragen, an den Ort, wo Jesus sterben würde? Sicher erzählte Paulus auch von seiner Reise nach Damaskus. Sein Ziel für diesen Tag war es gewesen, Christen gefangen zu nehmen und nach Jerusalem zurückzubringen, wo sie getötet werden sollten. Können Sie sich vorstellen, wie sehr sich diese Mutter darüber gefreut haben muss, dass ihr Sohn Rufus zusammen mit dem Mann das Wort Gottes verbreitete, den der Herr auf wundersame Weise gerettet und dazu berufen hatte, der Welt das Evangelium zu verkünden? Offensichtlich liebte sie Paulus wie ihren eigenen Sohn und übte einen bedeutenden Einfluss auf ihn aus. Welcher Segen wäre dieser älteren Frau entgangen, hätte sie dem geliebten Apostel Paulus nicht ihr Heim und ihr Herz geöffnet!

Während viele ältere Menschen nicht mehr in der Lage sind, für sich selbst zu sorgen, gibt es auch viele, die noch rüstig sind und andere auf vielerlei Weise unterstützen können. Wenn wir anfangen, anderen zu helfen, stellen wir oft fest, dass unsere eigene Last nicht wirklich schwer ist. Unsere Entscheidungen bestimmen unser Schicksal, und wenn bei allen Entscheidungen, die wir treffen, Jesus im Mittelpunkt steht, können wir ein zielgerichtetes Leben führen und darauf hoffen, eines Tages mit all denjenigen wieder vereint zu sein, die unser Leben beeinflusst haben.

Machen Sie Ihren Einfluss geltend

*Denn ich erinnere mich des ungeheuchelten
Glaubens in dir, der zuerst in deiner Großmutter
Lois und deiner Mutter Eunike wohnte,
ich bin aber überzeugt, auch in dir.*
2. Timotheus 1,5; ELB

*Der kluge Rat an die Jüngeren
ist die Pflicht der Älteren.*
Verfasser unbekannt

„Generationswechsel unter den Betreuungspersonen von Kindern", lautete 2010 eine Schlagzeile in der *Washington Post*. In dem Artikel, der auf einer Studie des Pew Research Center (Anm.: Meinungsforschungszentrum benannt nach dem amerikanischen Ölindustriellen J. N. Pew) aus dem Jahr 2007 basierte, wurde berichtet, dass heute eines von zehn Kindern in den Vereinigten Staaten bei seinen Großeltern lebt. In der heutigen Welt, in der die medizinische Versorgung und die soziale Sicherheit alter Menschen heftig diskutiert werden und es immer schwieriger wird, Pflegekräfte für die Alten zu finden, ist das ein rasanter Rollentausch.

Für diese bemerkenswerte Statistik wurden vielfältige Gründe genannt. Einer davon ist beispielsweise der Konjunkturrückgang, der oft mit Arbeitslosigkeit einhergeht und Eltern zwingt, sich an weiter entfernten

Orten Arbeit zu suchen. Andere Eltern verpflichten sich dem Militärdienst oder müssen eine Haftstrafe verbüßen. Manche Kinder sind verwaist, andere können nicht bei ihren Eltern leben, weil diesen aufgrund ihrer Drogenabhängigkeit das Sorgerecht entzogen wurde oder weil ihre Mütter bereits im Teenageralter schwanger wurden und bei ihrer Geburt selbst noch Kinder waren. Manche alleinerziehende Elternteile sind nicht in der Lage, sich um ihre Kinder zu kümmern, weil sie gegen eine lebensbedrohliche Krankheit ankämpfen. Die Liste ließe sich beliebig fortsetzen. Der Untertitel des Artikels lautete: „Großeltern, eilt zu Hilfe!"

Die Geschichten, die man hört, sind erschreckend. Eine Großmutter berichtete mir, dass sie eines Nachts um drei Uhr ihren zwei Monate alten Enkel vor ihrer Tür fand, nachdem sie von einem Klopfen geweckt worden war. Ihre drogenabhängige Tochter hatte ihn einfach dort abgelegt.

Ein Großvater, der bereits im Ruhestand war, wurde gefragt, ob er bereit wäre, seine Enkelkinder großzuziehen, nachdem ihre Eltern bei einem Autounfall ums Leben gekommen waren. Er sagte: „Ich betrachte das als meine Pflicht. Ich will nicht, dass Fremde die Kinder meines Sohnes aufziehen. Dafür sind Großeltern da!"

Manche Großeltern reagieren mit Unwillen auf die drastische Wendung, die ihr Leben dadurch nimmt. Andere sehen die Möglichkeit, ihren Enkeln in ihrem emotionalen Trauma ein wenig Halt geben zu können, als Segen an und sind dankbar dafür. Oft bringt ihre neue Rolle für die Großeltern enorme finanzielle Schwierigkeiten mit sich. Viele haben nur eine kleine

Rente und können aus vielfältigen Gründen nicht wieder arbeiten gehen.[1]

Vor hundert Jahren stellten sich diese Herausforderungen noch nicht. Damals war es die Regel, dass mehrere Generationen unter einem Dach lebten, vor allem in Gegenden, die durch ihren großen Anteil an Landwirtschaftsbetrieben das Rückgrat der Nation waren. Es wurde gesellschaftlich als völlig normal angesehen, dass die Großeltern zusammen mit einem ihrer Kinder und dessen Ehepartner sowie deren Kindern auf einem Gehöft lebten. Tagsüber bewirtschafteten sie gemeinsam den Hof und die Felder, kümmerten sich um die Aufgaben im Haushalt und bereiteten das Essen zu. Jeder hatte seine Aufgaben, bis sich zum Abendessen alle an einem Tisch einfanden. An Sommertagen setzten sie sich anschließend auf die Veranda, um die Kühle des Abends zu genießen, bei kalter Witterung versammelten sie sich in der gemeinsamen Stube vor dem warmen Kamin. Sie lachten und erzählten sich Geschichten, und am nächsten Morgen begann alles wieder von vorn.

Die Kinder sahen, wie ihre Eltern ihre Großeltern respektierten, was sie lehrte, älteren Menschen Achtung entgegenzubringen. Die Großeltern waren dankbar für das Leben, das ihre Enkelkinder ins Haus brachten, und für die Möglichkeit, ihre erwachsenen Kinder bei ihren Aufgaben als Eltern zu unterstützen und anzuleiten. Viele aus der älteren Generation sagten, dass dieses Leben ihre Vitalität und ihre Lebensfreude erhöht hat.

Auch wenn nicht jede familiäre Situation immer harmonisch war, waren Mehrgenerationenhaushalte kein schlechtes Konzept. Aus diesen starken, eng miteinander verbundenen Familien gingen Menschen mit einem standhaften, verlässlichen Charakter hervor, und ich glaube, den jungen Menschen von heute, denen eine solche Lebensweise völlig unbekannt ist, entgehen einige wichtige Lektionen.

Was ich damit sagen will, ist, dass sich heute viele Großeltern und Urgroßeltern nicht mehr darüber im Klaren sind, welche Bedeutung ihrer Rolle in der Familie zukommt. Respekt muss verdient und gewährt werden. Während die Gesellschaft den Einfluss der älteren Generationen herabgestuft hat, haben die Älteren ihre Rolle zu leicht aufgegeben, ohne sich viele Gedanken darüber zu machen.

In der Bibel heißt es, wir sollen für unsere Verwandten sorgen, besonders wenn sie im selben Haushalt leben (siehe 1. Timotheus 5,8). Diejenigen, die schon am längsten leben, müssen beginnen, ein Vorbild zu sein.

Manche mögen jetzt sagen, dass die Älteren für die Gesellschaft nicht mehr maßgeblich sind, aber das bedeutet nicht, dass wir uns tatenlos zurücklehnen sollten. Wenn unsere Familien zerstört werden, wird letztendlich auch unsere Gesellschaft zusammenbrechen. Unsere Nation erlebt das bereits jetzt.

Ich bin sehr dankbar, dass meine Kinder von ihren Großeltern beeinflusst wurden. Mein Vater starb, als meine Kinder noch recht klein waren, und meine Mutter wohnte zwei Stunden entfernt. Dennoch waren die Kinder oft bei ihr zu Besuch, bis sie 1981 starb.

Ruths Eltern jedoch wohnten ganz in der Nähe und waren leicht zu Fuß zu erreichen. Sie verbrachten viel Zeit mit unseren Kindern und übten auf das Leben jedes einzelnen von ihnen großen Einfluss aus. Dr. Bell erzählte ihnen Geschichten aus der Zeit, die er als Missionsarzt in China verbrachte. Wenn er bei der Beschreibung der Wunden und Krankheiten, die er behandeln musste, zu sehr ins Detail ging, schimpfte Ruths Mutter mit ihm. Dann lachten die Kinder und drängten ihren Großvater, fortzufahren. Daran denken sie bis heute gern zurück. Und sie erwähnen oft, welche Kraft sie noch heute aus den Erfahrungen und der Weisheit ihrer Großeltern ziehen. Das ist ein Teil ihres Erbes, und dieses Erbe geben sie nun ihrerseits an ihre Kinder und Enkelkinder weiter. Es ist ein andauerndes Vermächtnis.

Ich bin mir darüber im Klaren, dass nicht jeder so aufgewachsen ist. Viele Menschen hatten nie ein richtiges Zuhause und haben nie die Liebe und Geborgenheit einer Familie erfahren. Viele blicken auf eine dunkle Vergangenheit zurück, die von Missbrauch und dem Mangel an Liebe und Annahme geprägt war. Die Gesellschaft scheint mit jeder Generation mehr an Boden zu verlieren.

Ein älteres Ehepaar gestand mir einmal, dass sie schlichtweg nicht wussten, wie „um alles in der Welt" sie an ihre Enkel im Teenageralter herankommen sollten. Es gelang ihnen einfach nicht, eine Beziehung zu ihnen aufzubauen. Aber vielleicht liegt das Problem genau darin, dass wir nach einer weltlichen Lösung suchen, statt in Gottes Wort zu sehen. Dort werden wir die entsprechenden Antworten finden.

Der Gruppenzwang ist etwas sehr Reales, das sich auf jeden Einzelnen innerhalb einer Gruppe auswirkt. In der Bibel heißt es:

*Wenn du keine unwürdigen Worte mehr von dir gibst,
sondern nur noch Worte, die es wert sind,
ausgesprochen zu werden,
darfst du weiterhin mein Bote sein.
Dann werden alle, unter denen du jetzt leidest,
auf dich hören. Du selbst sollst dich aber nicht von
ihnen beeinflussen lassen!*
Jeremia 15,19

In meiner Jugend fühlten sich die Jungen dem Gruppenzwang ausgesetzt zu rauchen. In der Generation meiner Kinder standen die Jugendlichen unter dem starken Druck, mit Drogen zu experimentieren. Die Generation meiner Enkelkinder wird in nahezu jedem Alter und auf jeder Ebene der Gesellschaft mit leichtfertigem Sex konfrontiert. Das Wort Gottes wurde schon jahrzehntelang aus unseren Schulen verbannt und Familien haben längst aufgehört, zusammen in die Kirche zu gehen. Deshalb hat der göttliche Einfluss, der der heutigen Jugend den Weg weist, wie sie ein moralisches Leben führen und Gott ehren kann, nurmehr schattenhafte Konturen.

Es ist bemerkenswert, wie die Jungen die Älteren beeinflussen. So rechtfertigte eine recht junge Großmutter, die unverheiratet mit einem Mann zusammenlebte, ihr Verhalten mit den Worten: „Meine Enkelin findet mich total cool."

Das ist weit entfernt von dem Leben auf den Gutshöfen, wo die Großmütter ihre Enkelinnen liebevoll lehrten, „anderen zu zeigen, was gut ist" (siehe Titus 2,3). Die ältere Generation sollte wirklich nach Möglichkeiten suchen, die Jugend zu einem moralisch guten Lebenswandel zu ermutigen, denn diese wird ständig mit falschen Lehren und schlechten Vorbildern bombardiert und auf verschiedenste Weise unter Druck gesetzt.

Ein Reporter fragte einmal eine 104-jährige Frau in einem Interview: „Was ist das Beste daran, 104 Jahre alt zu sein?"

Sie antwortete schlicht: „Es herrscht kein Gruppenzwang mehr."

Diese Antwort entlockt Ihnen jetzt vielleicht ein Lächeln, weil so viel Wahrheit darin liegt.

Der Musiker George Beverly Shea, von dem ich bereits berichtete, genießt sein Leben mit 102 Jahren. Er betrachtet mich als seinen jüngeren Freund. Die Menschen, denen es vergönnt ist, ein ganzes Jahrhundert oder länger zu leben und sich dabei guter Gesundheit zu erfreuen, sind eine Klasse für sich.

Die Leute fragen oft, warum Bev so gut mit jungen Menschen zurechtkommt. Ich glaube, das ist deshalb der Fall, weil er sein Alter mit Würde und Humor trägt. Seine Authentizität wirkt anziehend auf andere, und seine positive Ausstrahlung und sein offenes Bekenntnis, was Jesus ihm bedeutet, wird meist als sehr anregend empfunden. Er hält mit seinem Glauben nicht hinter dem Berg, um von den Jüngeren akzeptiert zu werden. Ich finde es interessant, wie viele junge Leute ihn besuchen und ihn bitten, für sie auf der Orgel zu spielen.

Wir, die ältere Generation, speisen junge Menschen oft mit dem ab, was sie unserer Meinung nach wollen, statt unsere Erfahrung mit ihnen zu teilen. Für uns selbst sind unsere Erfahrungen Schnee von gestern.

Für die Jungen jedoch halten sie viel Neues bereit, das sie noch nie gehört und bedacht haben.

Die Stanford University hielt vor zehn Jahren ein Forum über das Alter ab und lud junge Menschen ein, an der Diskussion teilzunehmen. Das Thema lautete: „Warum ist das Altern eine Angelegenheit der Jungen?"[2]

Einer der Studenten sagte dazu: „Weil wir alle auf derselben Reise sind, und weil es mich interessiert, was andere auf ihrem Weg gelernt haben."

Was für ein Vorrecht haben wir doch, denjenigen, die uns zusehen, den Weg zu bereiten! Aber nehmen wir uns das wirklich zu Herzen? Wir lassen zu, dass der Teufel unseren Einfluss zunichtemacht, indem er uns glauben lässt, es würde niemanden interessieren, was wir zu sagen haben.

Während ich dieses Buch schrieb, erzählte mir jemand von einigen Kommentaren aus einem Blog, in dem junge Leute die Unterschiede zwischen der jungen und der alten Generation diskutierten. Einer von ihnen lautete: „Wir brauchen beide Generationen in unserer Gesellschaft, denn sie tragen beide ihren Teil dazu bei. Die jüngere stellt infrage, fordert heraus und regt Veränderungen an; die ältere tritt manchmal auf die Bremse und lässt uns an der Weisheit ihrer Erfahrungen teilhaben [die uns dabei helfen kann, kluge Entscheidungen für unser Leben zu treffen]."[3]

Auch wenn das nicht für alle jüngeren Menschen gelten mag, zeigt es doch, dass viele junge Leute es nicht generell ablehnen, auf die Älteren zu hören. Die Fragen, die sich uns nun stellen, lauten: Scheuen wir zurück, wenn sich uns eine Gelegenheit bietet, auf jemanden einen guten Einfluss auszuüben? Nehmen wir unsere Verantwortung wahr, wenn wir Menschen begegnen, die sich möglicherweise zu Herzen nehmen würden, was wir zu sagen haben?

In der Bibel finden wir die klare Anweisung an die einzelnen Generationen, weiterzugeben, was sie gelernt haben. Die Jungen sollten wie der Psalmist sagen können:

Gott, wir haben es mit eigenen Ohren gehört –
unsere Vorfahren haben uns erzählt,
was du vor langer Zeit getan hast:
Psalm 44,2

Was werden Ihre Kinder und Enkelkinder noch lange, nachdem Sie gestorben sind, von Ihnen in Erinnerung behalten? Manchmal verpassen ältere Menschen ihre Gelegenheiten. Sie sind so sehr mit ihren Leiden beschäftigt, dass sie andere damit möglicherweise in die Flucht schlagen – auch ihre Enkelkinder.

Vor einiger Zeit schrieb mir ein junger Mann: „Ich wünschte, ich könnte sagen, dass ich gute Erinnerungen an meine Großmutter habe, aber alles, woran ich mich erinnere, ist, dass sie mir ziemlich alt erschien und ständig über irgendetwas murrte und jammerte."

Ein anderer schrieb: „Wenn wir meinen Großvater besuchten, hatten wir immer viel Spaß, aber ansonsten hörten wir nie etwas von ihm."

Eine Tochter sagte niedergeschlagen: „Meine Eltern sind nur noch mit sich selbst beschäftigt. Seit sie in den Ruhestand eingetreten sind, interessieren sie sich für gar nichts mehr. Für sie zählt nur noch ihr Wunsch, eine gute Zeit zu haben. Ich frage mich, ob ich auch so werde, wenn ich älter bin. Ich hoffe nicht."

Das hoffe auch ich nicht, denn das entspricht nicht den Vorstellungen Gottes, wie wir unsere späten Jahre verbringen sollen. Klagend, an nichts Anteil nehmend, ichbezogen – welchen Eindruck werden wir mit dieser Haltung auf diejenigen machen, die nach uns kommen? Was wird ihnen dann von uns in Erinnerung bleiben? Und, was noch wichtiger ist, was lehrt diese Einstellung sie über das Leben und wie es gelebt werden sollte? Die Antwort lautet: sehr wenig und nichts Gutes.

Aber Gott will nicht, dass wir unsere späten Jahre auf diese Art verschwenden oder sie mit oberflächlichen, bedeutungslosen Aktivitäten verbringen. Stattdessen will er, dass wir sie auf jede erdenkliche Weise dafür nutzen, auf diejenigen einzuwirken, die nach uns kommen. Gott will, dass wir einen guten Zieleinlauf haben. Das erreichen wir unter anderem dadurch, dass wir denen, die uns nachfolgen, unsere Werte und unseren Glauben weitergeben.

Hinterlassen Sie ein Vermächtnis

Unsere Kinder sind nicht wie Computer. Wir können sie nicht darauf programmieren, dass sie immer genau das tun, was wir wollen, oder sich genau so entwickeln, wie wir es uns wünschen.

Das ist eines der großen Rätsel des Lebens: Zwei Kinder, die in derselben Familie aufwachsen und nach denselben Maßstäben erzogen werden, können sich dennoch völlig gegensätzlich entwickeln. Jedes Kind ist anders, und manche weisen unsere Anleitung einfach zurück, so sehr wir uns auch bemühen. Das Beste, was wir für sie tun können, ist, eine gesunde Umgebung für sie zu schaffen – sie zu lieben, sie zu lehren, für sie zu beten und ihnen die Grundlagen zu vermitteln, die sie brauchen, um kluge Entscheidungen zu treffen, wenn sie älter werden. Das tun wir durch unsere Lehre und unser Vorbild – in anderen Worten, sowohl dadurch, was wir sagen, als auch dadurch, was wir tun.

Als Eltern haben wir unmittelbaren Einfluss auf unsere Kinder. Der Einfluss, den wir später auf unsere Enkel haben werden, wird wahrscheinlich eher indirekt sein, es sei denn, es tritt der Fall ein, dass wir aufgrund des Todes oder der Scheidung der Eltern einspringen und deren Rolle übernehmen müssen. Aber wenn wir älter werden, nehmen unsere Möglichkeiten, auf unsere Kinder und Enkel einzuwirken, normalerweise immer mehr ab.

Das bedeutet jedoch weder, dass wir gar keinen Einfluss auf sie haben, noch dass unser Einfluss unbedeutend ist. Ganz im Gegenteil, unsere Einflussnahme kann sich als eines der wichtigsten Dinge herausstellen, die wir je getan haben. Auch wenn wir keine Kinder und Enkelkinder haben oder alleinstehend sind, können wir der nächsten Generation – und darüber hinaus – ein bedeutendes und einzigartiges Vermächtnis hinterlassen. Sie beobachten uns, und sie werden von unserem Leben lernen.

Denken Sie nur einmal einen Moment darüber nach: Wie können die jungen Menschen sonst etwas über die Begleiterscheinungen des Alters erfahren und wie man mit ihnen umgeht? Wie sollen sie lernen, wie wichtig es ist, dass sie ihr Leben auf dem starken Fundament des Glaubens an Christus und sein Wort aufbauen? Und wie finden sie heraus, welche Veränderung Jesus im Leben von Menschen bewirken kann, vor allem wenn sie älter werden? Die Antwort ist offensichtlich: Sie lernen diese Dinge, indem sie diejenigen beobachten, die bereits älter sind.

Unser größtes Vermächtnis

Das größte Vermächtnis, das Sie Ihren Kindern und Enkelkindern wie auch all den anderen jungen Menschen, die Sie kennen und beobachten, hinterlassen können, ist weder Ihr Geld noch der materielle Besitz, den Sie in Ihrem Leben angesammelt haben. Es ist das Vermächtnis Ihres Charakters und Ihres Glaubens.

Letzten Endes sind es diese Eigenschaften, die unsere Enkelkinder und andere, die uns kannten, von uns in Erinnerung behalten werden, wenn wir einmal gegangen sind – im positiven wie im negativen Sinn. Wenn wir einen schlechten Charakter haben, der von Gier, Rücksichtslosigkeit, Zorn, Bitterkeit, Selbstsucht, Unverantwortlichkeit, einem Mangel an Integrität oder anderen negativen Eigenschaften geprägt ist, werden wir ihnen auch so in Erinnerung bleiben. Aber wenn unser Charakter und unsere Integrität über die Jahre hinweg von Christus geformt wurden, wird ihre Erinnerung unweigerlich aus diesen Merkmalen bestehen.

Doch warum ist der Glaube unser größtes Vermächtnis? Weil die Erinnerung daran, wie wir waren – nicht nur unsere Persönlichkeit, sondern auch unser Charakter und unser Glaube – das Potenzial hat, andere zu Christus zu führen.

Meine Eltern übten einen nachhaltigen Einfluss auf mich aus. Der sanfte, freundliche Charakter meiner Mutter und ihre Sorge um das geistliche Wohlergehen anderer bringen auch heute noch Frucht. Sie war nicht sehr gebildet, aber sie liebte die Bibel und verbrachte viel Zeit damit, andere mithilfe der Bibel zu lehren. Mein Vater war mir stets ein großes Vorbild für Ehrlichkeit, Integrität, Disziplin und die Bereitschaft, hart zu arbeiten, für das ich ihm noch heute von Herzen dankbar bin.

Ich erinnere mich noch daran, wie ich als junger Mann ein älteres Ehepaar aus unserer Gemeinde beobachtete. Es war ganz offensichtlich, wie sehr sie die Gesellschaft ihres Partners genossen, aber ich glaube nicht, dass sie sich darüber im Klaren waren, welchen Eindruck sie damit auf andere machten, die sie aus der Ferne beobachteten. Im Lauf der Jahre haben mich noch unzählige andere Menschen durch das Vorbild, das sie mir mit ihrem Leben gaben, beeinflusst und verändert, obwohl ihnen das sicher nicht bewusst war. Wahrscheinlich gibt es auch in Ihrem Leben solche Menschen. Den größten Einfluss auf andere üben wir oft nicht durch das aus, was wir sagen, sondern durch das, was wir tun.

Unsere größte Hoffnung

Was ist Ihre größte Hoffnung für Ihre Kinder und Enkelkinder und für andere junge Menschen außerhalb Ihrer Familie? Besteht sie darin, dass sie zu Männern und Frauen werden, deren Charakter von Mitgefühl, Ehrlichkeit, Moral, Verantwortungsbewusstsein, Selbstlosigkeit, Loyalität, Disziplin und Opferbereitschaft geprägt ist? Ihre Hoffnung sollte sein, dass sie zu Männern und Frauen werden, die einen großen Glauben haben, die Jesus Christus als ihrem Retter vertrauen und danach streben, ihm als dem Herrn ihres Lebens jeden Tag nachzufolgen.

Wir können es anderen nicht abnehmen, diese Entscheidung zu treffen, aber wir können ihnen den Weg weisen, indem wir ihnen ein Vorbild sind für die Liebe Christi und seine Kraft, jedes Leben, das ihm anvertraut wird, zum Positiven zu verändern.

Hier ist jedoch auch ein Wort der Vorsicht angebracht. Wir können nicht vorgeben, etwas zu sein, das wir nicht sind. Ein Christus-ähnlicher Charakter kann nicht vorgetäuscht werden. Wenn Christus für uns nicht real ist, oder wenn wir nicht gelernt haben, mit ihm zu leben und ihm unser Leben jeden Tag neu anzuvertrauen, wird unser geistlicher Einfluss auf diejenigen, die nach uns kommen, weit geringer ausfallen als er sein könnte.

Junge Menschen sind sehr sensibel für Heuchelei, und wenn sie merken, dass wir ihnen etwas vormachen, werden sie eine ablehnende Haltung einnehmen und unseren Rat in den Wind schlagen. Können sie jedoch spüren, dass unser Glaube aufrichtig und unsere

Liebe authentisch ist, werden sie uns ernst nehmen und respektieren, auch wenn sie wissen, dass wir nicht perfekt sind.

Deshalb ist es so wichtig, dass wir jetzt damit beginnen, unser Leben auf das solide Fundament von Jesus Christus zu gründen, statt zu warten, bis es zu spät ist und wir von den Problemen, die das hohe Alter mit sich bringen kann, überwältigt werden. Jeder Gärtner weiß, dass Früchte nicht über Nacht heranreifen. Sie brauchen Zeit, um zu wachsen, und ebenso verhält es sich auch mit der Frucht des Geistes in unserem Leben.

Überbrücken Sie die Kluft

Wie können wir nun diejenigen erreichen, von denen uns vier oder fünf Jahrzehnte oder auch Tausende von Kilometern trennen? Ruth und ich haben stets versucht, uns in den Beziehungen zu unseren Enkeln (deren Zahl sich zusammen mit unseren Urenkeln mittlerweile auf dreiundvierzig beläuft) an einige Grundsätze zu halten, auch wenn uns das nicht immer zu hundert Prozent gelang. Vielleicht können sie Ihnen als Anregung dienen.

Beten Sie anhaltend

Beten Sie anhaltend für Ihre Familie. Gott kennt ihre Bedürfnisse viel besser als Sie, und er kann „unendlich viel mehr tun, als wir je bitten oder auch nur hoffen würden" (Epheser 3,20). Gott kann tun, was wir nicht tun können, vor allem in unseren Familien. Wir alle kennen den Spruch: „Aus den Augen, aus dem Sinn." Lassen Sie nicht zu, dass er sich in Ihrer Familie bewahrheitet und beten Sie regelmäßig für sie.

Sprechen Sie nicht nur allgemeine Gebete, in denen Sie Gott darum bitten, sie zu segnen. Beten Sie spezifisch, und beten Sie täglich. Beten Sie nicht nur, dass Gott sie in Sicherheit bewahrt, sondern dass er sie vor den Versuchungen und den Übeln beschützt, mit denen junge Menschen heute bombardiert werden.

Beten Sie, dass Gott ihnen das Verlangen schenkt, zu tun, was richtig ist, und zu meiden, was falsch ist, und dass sie seinen Willen für ihr Leben suchen, wenn sie älter werden. Wenn Sie wissen, dass sie vor Entscheidungen stehen oder Schwierigkeiten zu bewältigen haben, beten Sie dafür. Lassen Sie sie wissen, dass Sie für sie beten – nicht, weil Sie neugierig sind oder versuchen, sich in ihr Leben zu drängen, sondern weil Sie sie lieben und großen Anteil daran nehmen, was ihnen widerfährt. Und vor allem anderen, beten Sie dafür, dass sie ihr Herz und ihr Leben Jesus Christus öffnen und ihm nachfolgen.

Bleiben Sie in Verbindung

Es ist nicht immer einfach, eine ständige Kommunikation aufrechtzuerhalten. Familien werden oft in alle Winde zerstreut, und wir sollten es auch vermeiden, den Eindruck zu erwecken, dass wir uns in das Privatleben unserer Kinder und Enkel einmischen wollen. Umso wichtiger ist es, dass Sie die Gelegenheiten, die sich Ihnen bieten, beim Schopf ergreifen. In manchen Familien wird es solche Gelegenheiten jeden Tag geben, in anderen sind sie möglicherweise auf einen gelegentlichen Anruf oder einen Geburtstagsgruß begrenzt. Ich kenne Großeltern, die keine Mühe gescheut haben zu lernen, wie man E-Mails verschickt. Manche haben sich sogar auf einem der neuen sozialen Netzwerke registriert, weil sie so mit ihren Enkeln in Verbindung bleiben können.

Darüber hinaus ist es sehr wichtig, dass Sie ihnen sagen, wie sehr Sie sie lieben und wie sehr Sie Anteil daran nehmen, was in ihrem Leben passiert.

Als ich vor einiger Zeit im Wartezimmer einer Arztpraxis saß, fragte mich eine Frau, ob ich Enkelkinder hätte. Als ich ihr sagte, dass ich gleich neunzehn Enkel hatte, schnappte sie entsetzt nach Luft.

„Neunzehn!", rief sie aus. „Wie halten Sie das aus? Ich habe nur zwei, aber sie treiben mich in den Wahnsinn. Ich kann mir nicht vorstellen, wie ich mit neunzehn zurechtkommen sollte!"

Zunächst belustigte mich ihre Reaktion, aber dann machte sie mich traurig. Ihre Enkel kleiden sich vielleicht nicht so, wie Sie es sich wünschen würden und hören andere Musik als Sie, aber Gott hat sie Ihnen geschenkt, und er liebt sie. Zeigen auch Sie ihnen, dass Sie sie lieben, sowohl durch Ihre Worte als auch durch Ihre Taten.

Ermutigen Sie sie

In der Bibel heißt es: „Deshalb sollt ihr einander Mut machen und einer den anderen stärken ..." (1. Thessalonicher 5,11). Nachdem Saulus von Tarsus, der später

Paulus genannt wurde, auf der Straße nach Damaskus Christus begegnet war, lernte er einen Mann kennen, mit dem er sich anfreundete und der Saulus später auf seiner ersten Missionsreise begleitete. Dieser Mann war Barnabas, was „Sohn des Trostes" bedeutet (siehe Apostelgeschichte 4,36).

Es mag sehr verlockend sein, unsere Enkel zu belehren oder ihnen zu sagen, was sie unserer Meinung nach falsch machen. Gelegentlich kann das auch angemessen sein, aber achten Sie darauf, dass Sie sich nicht auf das Negative konzentrieren. Sie müssen wissen, dass wir sie lieben, und vor allem, dass Gott sie liebt. Ermutigen Sie sie, wenn sie Rückenstärkung benötigen. Sollten Sie aber der Meinung sein, eines ihrer Vorhaben ist nicht so gut, dann helfen Sie ihnen dabei, einen anderen Weg zu suchen. Und bemühen Sie sich darum, „vergeben und vergessen" zu können, wenn Ihre Enkel sich einmal rücksichtslos verhalten oder etwas tun, das Sie verletzt.

Bei alledem sollten Sie sich jedoch der Gefahren bewusst sein, die in der Beziehung zu Ihren Enkeln auf Sie lauern können. Es passiert beispielsweise leicht, dass wir ein Enkelkind den anderen vorziehen. Vielleicht kommen wir mit diesem Kind besonders gut zurecht und widmen ihm, ohne es zu bemerken, mehr Zeit oder machen ihm mehr Geschenke als den anderen. Aber in der Bibel heißt es, wir sollen „nichts nach Gunst tun" (siehe 1. Timotheus 5,21; ELB). Gott hat jedes dieser Kinder erschaffen, und er liebt sie so, wie sie sind – und das sollten wir auch tun. Wir sollten sie alle liebevoll und fair behandeln, um ihren Glauben an sich selbst und an Gott zu stärken.

Überschreiten Sie Ihre Grenzen nicht

Wir sind nicht die Eltern unserer Enkel, deshalb müssen wir aufpassen, dass wir unsere Grenzen nicht überschreiten. Wenn wir uns in ihre Erziehung einmischen, kann das zwischen uns und unseren Kindern zu Spannungen führen. Außerdem sollten wir es vermeiden, bei familiären Konflikten für eine Seite Partei zu ergreifen. Nehmen Sie sich folgende Ermahnung aus der Bibel zu Herzen: „Das Wichtigste aber ist, dass ihr einander beständig liebt, denn die Liebe deckt viele Sünden zu!" (1. Petrus 4,8).

Seien Sie ein Vorbild

Denken Sie daran, dass Ihre Kinder und Enkelkinder am meisten über Sie erfahren, indem sie Ihr Handeln und Ihre Lebenseinstellung beobachten. Sehen sie Christus in Ihnen? Werden sie Sie als ein lebendiges Beispiel für sein Mitgefühl und seine Liebe in Erinnerung behalten? Werden sie auch dann noch Ihren tiefen Frieden und Ihre Freude spüren, wenn Sie eine schwere Zeit durchmachen oder die Gebrechlichkeit des Alters Sie übermannt? Ich hoffe, dass Ihre Enkel sich als einen Menschen an Sie erinnern werden, dessen Leben von Jesus Christus verändert wurde, so wie er es auch mit ihrem eigenen Leben tun kann.

Stellen Sie zerbrochene Beziehungen wieder her

Was tun wir, wenn uns etwas, das vielleicht schon vor vielen Jahren passiert ist, immer noch verfolgt, weil es nie geklärt wurde? Oft geht es bei solchen Dingen um zerbrochene Beziehungen, die nie wiederhergestellt wurden. Vielleicht haben auch Sie etwas Derartiges erlebt. Wenn das der Fall ist, sollten Sie sich der Situation offen und ehrlich stellen und tun, was immer Sie können, um sie zu ändern. Denn wie werden wir diese ungelösten Konflikte betrachten, wenn wir älter werden und auf unser Leben zurückblicken?

„Die Beziehung zwischen meiner Mutter und mir war immer sehr schwierig", schrieb mir kürzlich eine Frau. „In den letzten Jahren haben wir nicht einmal mehr miteinander gesprochen. Jetzt ist sie tot und ich würde alles dafür geben, nur eine einzige Minute mit ihr verbringen und ihr sagen zu können, dass es mir leidtut."

Eine andere Frau schrieb: „Vor zwölf Jahren habe ich meinem Sohn gesagt, dass ich nichts mehr mit ihm zu tun haben will. Jetzt frage ich mich, ob ich das Richtige getan habe. Ich fühle mich so allein, und er ist alles, was mir von meiner Familie geblieben ist."

In dem Brief eines Mannes las ich: „Ich habe vor über zwanzig Jahren jeglichen Kontakt zu meiner Familie abgebrochen. Sie hatten ihre Fehler, aber ich muss zugeben, dass ich eigentlich das Hauptproblem war. Ich würde sie gern wiedersehen, aber sie haben mir mitgeteilt, dass sie nicht daran interessiert sind."

Jede dieser Geschichten (und es gibt noch Hunderte mehr, die ich hier erzählen könnte) gestaltet sich ein wenig anders, aber das grundsätzliche Problem ist bei allen dasselbe: eine zerbrochene Beziehung, die nie geheilt wurde. Und sie haben noch etwas gemeinsam: Das Bedauern – das Bedauern über das, was passiert ist, das Bedauern über die verlorenen Jahre, das Bedauern über die Tatsache, dass die Zeit, in der die Beziehung hätte heilen können, vorüber ist.

Sorgen Sie dafür, dass Sie nicht am Ende Ihres Lebens mit Bedauern auf eine Verletzung zurückblicken, die hätte vergeben werden, oder auf eine Beziehung, die hätte geheilt werden können, wenn Sie nur die Initiative ergriffen und den ersten Schritt getan hätten. Warum aber tun wir das nicht?

Oft ist es unser Stolz, der uns zurückhält. Wir hassen es zuzugeben, dass wir unrecht hatten oder zumindest unseren Teil dazu beigetragen haben, dass es zu der Spaltung kam. Manchmal fürchten wir uns auch davor, eine Abfuhr zu erhalten oder noch mehr verletzt zu werden. Aber welche Gründe Sie auch haben mögen, sie sollten Sie nicht davon abhalten, den Versuch zu unternehmen, die Verletzungen und Konflikte aus der Vergangenheit zu lösen.

Natürlich ist es nicht immer möglich, eine zerbrochene Beziehung zu kitten. Manche Menschen lehnen es einfach ab, sich mit jemandem zu versöhnen, der sie verletzt hat oder den sie verletzt haben. Manche weigern sich auch, die Verantwortung dafür zu übernehmen, was sie getan haben, und geben stets anderen die Schuld dafür, was passiert ist. Solche Menschen haben ein Problem, das Sie wahrscheinlich nicht lösen können, aber Sie können Ihres lösen, indem Sie bereit sind, in Vorleistung zu gehen und zu versuchen, sich mit jemandem, der sich gegen Sie gewendet hat, zu versöhnen.

Am besten befolgen Sie dazu die Ratschläge aus der Bibel: „Versucht, mit allen Menschen in Frieden zu leben, und bemüht euch, ein heiliges Leben ... zu führen ..." (Hebräer 12,14) und: „Tragt euren Teil dazu bei, mit anderen in Frieden zu leben, so weit es möglich ist!" (Römer 12,18).

Es wird uns vermutlich nicht in jedem Fall gelingen, Frieden herbeizuführen, aber wir sollten uns zumindest darum bemühen.

Bitten Sie Gott, eine vergebende Lebenshaltung zu einem Teil Ihres Vermächtnisses zu machen. Ihre Bereitschaft zu vergeben wird es Ihnen nicht nur ermöglichen, sich mit anderen zu versöhnen, sondern auch denen, die nach Ihnen kommen, als Beispiel für die Vergebung und die Gnade Christi dienen. Das ist nicht einfach. Es wird viele Überlegungen, viel Weisheit und Gebet erfordern. Aber es wird eines der wichtigsten Dinge sein, die Sie jemals tun werden.

Mit einem bleibenden Vermächtnis auf das Ziel zu

Eines der schönsten Wörter im menschlichen Vokabular ist Vergebung, und am besten wird sie veranschaulicht durch Gottes Vergebung der Sünde.

Wenn die Menschen, die an Gott glauben, gegenüber ihren Mitmenschen Vergebung üben, tritt liebevolle Zuwendung an die Stelle von Härte. Ein wunderbares Beispiel dafür sehen wir im Leben von Josef, der seinen Brüdern vergab, dass sie ihn in jungen Jahren als Sklaven verkauft hatten. Josef versicherte seinen Brüdern, dass Gott das Böse, das sie ihm zugedacht hatten, zum Guten wendete, indem er ihn dafür gebrauchte, während der im Land herrschenden Hungersnot vielen Menschen das Leben zu retten (siehe 1. Mose 50,20).

Weil Josef seinen Brüdern vergeben hatte, ließ Gott ihm im hohen Alter reichen Segen zuteilwerden. In der Bibel heißt es: „Er erlebte noch die Enkel seines Sohnes Ephraim und die Kinder von Manasses Sohn Machir, die er behandelte, als wären sie seine eigenen" (1. Mose 50,23). Was für eine Geschichte! Die Enkel und sogar Urenkel dieses Glaubenshelden genossen die Gemeinschaft mit ihrem wunderbaren Großvater Josef. Wenn wir schon den Mitgliedern unserer Familie nicht vergeben können, wie können wir diese Eigenschaft Christi dann bei anderen praktizieren und Gottes Segen erfahren?

In der Bibel heißt es, wir sollen uns an unseren Nachkommen erfreuen (siehe Psalm 128,6). Verstehen wir den Segen, der aus der Hand Gottes kommt, wirklich? Wir sollten jede Gelegenheit nutzen, unsere Familien Christus ein Stück näherzubringen.

Ein Fundament mit Bestand

Aufgrund der besonderen Gnade, die Gott mir schenkte, habe ich als weiser Bauherr das Fundament gelegt. Nun bauen andere darauf auf. Doch wer auf diesem Fundament aufbaut, muss sorgsam vorgehen. Denn niemand kann ein anderes Fundament legen als das, das schon gelegt ist – Jesus Christus.
1. Korinther 3,10-11

Gott begräbt seine Arbeiter, aber er sorgt dafür, dass seine Arbeit weiter fortgeführt wird.
Charles Wesley

Junge Menschen haben nie das Gefühl, alt zu werden. Sie gehen ganz in ihrer Jugendlichkeit auf und strotzen vor Begeisterung, die ihre Hoffnungen und ihre Träume nährt. Ich erinnere mich noch gut an die Zeit, als ich in dieser Phase des Lebens war. In den späten Dreißigerjahren war ich neunzehn Jahre alt und besuchte das *Florida Bible Institute* (das heutige *Trinitiy College*) in einem Vorort von Tampa, Florida. Zusammen mit einigen anderen Studenten lernte ich dort einen älteren Evangelisten namens Judson W. Van DeVenter kennen, der als begabter Musiker und Komponist das Fach Hymnologie unterrichtete.

Mr Van DeVenter besaß einige Orangenhaine in Florida, und als er es selbst nicht mehr konnte, kamen die jungen Männer aus der Schule und pflückten die

Früchte, bevor der Frost einsetzte. Bald kümmerten wir uns regelmäßig um den alten Prediger. Ich weiß noch, wie dankbar er für unsere Hilfe war. Damals konnten wir uns nicht vorstellen, einmal so alt zu sein, aber, ohne dass wir uns dessen bewusst waren, lernten wir alle von seinem Vorbild. Solche Begegnungen tragen dazu bei, das Fundament unseres Lebens zu festigen.

J. W. Van DeVenter starb 1939 im Alter von 84 Jahren in *Temple Terrace*, Florida. Als energiegeladener Bibelschüler, der ich damals war, konnte ich mir nicht vorstellen, so lange zu leben und einmal so viel Unterstützung zu benötigen wie er. Es gab nicht mehr vieles, bei dem er keine Hilfe brauchte. Jetzt, wo ich selbst 92 Jahre alt bin, hat sich meine Dankbarkeit für Mr Van DeVenter noch vertieft. Unser Respekt für andere nimmt zu, wenn wir von ihnen abhängig werden. Wenn ich daran zurückdenke, wie wir uns um Mr Van DeVenter kümmerten, weiß ich diejenigen, die heute so liebevoll für mich sorgen, noch mehr zu schätzen.

Die Schritte derjenigen unter uns, die sich ihrem letzten Zuhause nähern, mögen schleppend sein, aber sie sind nicht ohne Ziel. Und auch die jüngeren Generationen folgen uns naturgemäß auf diesem letzten Abschnitt unseres Weges nach. Das bedeutet, dass wir sie selbst in unserem hohen Alter noch anleiten können. Aber führen wir sie zum Erfolg? Ebnen wir denjenigen, die in unsere Fußstapfen treten, den Weg? Vielleicht sollten wir uns auch fragen: „Sind unsere Fußstapfen es wert, dass uns jemand darin nachfolgt?" Wenn wir in die Fußstapfen von Jesus Christus treten und unsere Brücken auf den starken Fels seines Fundaments gebaut sind, lautet die Antwort Ja. Er allein lindert unseren Kummer und erleichtert unsere Last.

Sorgen Sie für ein sicheres Fundament

Niemand kommt ohne Schwierigkeiten durchs Leben. Manche haben schon in ihrer Jugend gesundheitliche Probleme. Andere, die reich geboren wurden, verlieren alles. Und viele unter uns suchen nach Liebe und stoßen doch nur immer wieder auf Ablehnung. Dabei ist eines sicher, ohne ein festes Fundament ist die Last des Lebens noch schwerer zu tragen. Aber Gott hat für jeden von uns einen Plan, und er will, dass wir auf ihn bauen – auf das Fundament, das er für uns bereitgestellt hat.

In der Bibel lesen wir von Arbeitern, die das Werk ihrer Hände mit Nägeln befestigten, damit es nicht wackelte (siehe Jesaja 41,7). Als die Hände Christi von Nägeln durchbohrt und ans Kreuz geschlagen wurden, wurde er zu unserem sicheren Fundament.

Kürzlich hörte ich von einer Familie, die vor einigen Jahren nicht weit von uns entfernt in den Appalachen ein Haus baute. Das Grundstück war am Hang eines Hügels gelegen und bot einen wunderbaren Blick auf das nahe gelegene Tal und eine Gebirgskette in der Ferne. Nachdem die Bauzeichnungen angefertigt und das Bauunternehmen beauftragt worden war, schritt das Projekt voran, und einige Monate später war ihr neues Haus fertig. Sie freuten sich sehr darüber und zogen schon bald ein.

Aber nach etwa einem Jahr verwandelte sich ihr Traum in einen Albtraum. Der erste Hinweis auf drohende Schwierigkeiten war eine leichte Absenkung der Erde um einen bestimmten Bereich des Fundaments herum. Mit der Zeit verstärkte sich die Absenkung noch und in den Wänden des Hauses bildeten sich Risse. Sie waren alarmiert und baten einen Bauingenieur um Rat. Er stellte fest, dass das Bauunternehmen einen Teil des Betons für das Fundament auf eine Grube voller Bauschutt – alte Baumstämme, lose Felsbrocken und sogar übrig gebliebenes Bauholz – ausgegossen hatte. Als das Holz verrottete, gab der Boden nach, die Wände verschoben sich und das ganze Haus geriet in einen gefährlich instabilen Zustand. Aufgrund von Unwissenheit oder Nachlässigkeit hatte das Bauunternehmen ihr Haus auf ein mangelhaftes Fundament gebaut, und dieser Fehler konnte nur mittels hoher Kosten und großem Arbeitsaufwand behoben werden.

Ebenso wie dieses Haus ein solides Fundament brauchte, benötigen auch wir ein solides Fundament für unser Leben – einen unveränderlichen Glauben, Ziele und moralische Werte, die uns auch in den Stürmen des Lebens fest stehen lassen und in Sicherheit bewahren. Ganz gleich in welchem Alter wir sind – nichts bereitet uns so gut auf die Zukunft vor wie ein solides moralisches und geistliches Fundament, das auf Gottes Willen für unser Leben gegründet ist.

Als ich dieses Kapitel Korrektur las, wurde in den Nachrichten gemeldet, dass der Norden Japans von einem Erdbeben der Stärke 9 und einem Tsunami heimgesucht worden war. Große Teile des Landes waren zerstört worden, Tausende Menschen verloren ihr Leben und es war sogar eine leichte Verschiebung der Erdachse festgestellt worden. Ich war tief erschüttert über das große Leid, das den Menschen dort widerfahren war, und bedauerte die Überlebenden, die den Verlust geliebter Menschen zu betrauern hatten.

Meine erste Reaktion bestand darin, für die Menschen zu beten und Gott zu bitten, dass er uns dabei half, sie auf jede mögliche Weise zu unterstützen. Mein Sohn Franklin reiste umgehend in das betroffene Gebiet und begann zusammen mit verschiedenen japanischen Gemeinden den Menschen Hilfe zu leisten, deren Leben durch die Katastrophe bis ins Mark erschüttert worden war.

Ich dachte an die Menschen, die dort gelebt und jetzt alles verloren hatten. Sie hatten ihre Häuser auf ein vermeintlich sicheres Fundament gebaut. Da sie in einer Gegend wohnten, wo es häufiger zu Erdbeben kam, hatten sie sicher noch zusätzliche Sicherheitsmaßnahmen getroffen. Aber als plötzlich der Boden unter ihren Füßen bebte und die Wassermassen des Tsunami über ihr Land hereinbrachen, wurden diese Fundamente in Stücke gerissen. Das war eine der größten Naturkatastrophen der neueren Zeit.

Schreckliche Ereignisse wie dieses erinnern uns daran, was passieren kann, wenn wir unser Leben auf das falsche Fundament bauen – ein Fundament, das in normalen Zeiten zwar ausreichend sein mag, jedoch den Belastungen und Beanspruchungen des Lebens nicht standhält. Tragischerweise halten viele Menschen nie lange genug inne, um sich über das Fundament, auf das sie ihr Leben aufgebaut haben, Gedanken zu machen oder es zu prüfen. Sie gehen einfach davon aus, dass sie auf dem richtigen Weg sind und ihr Fundament für immer halten wird. Manche Menschen haben ihr Leben möglicherweise auf Zügellosigkeit, Vergnügen oder Unterhaltung aufgebaut. Andere bauen auf finanziellen Erfolg oder ihre gesellschaftliche Stellung. Wieder andere glauben, wenn sie nur den richtigen Partner oder den idealen Wohnort finden oder einen gut bezahlten Job bekommen würden, wären sie für immer glücklich und sicher.

Aber in ihren stillen Momenten fragen sie sich vielleicht, ob das wirklich wahr ist. Möglicherweise offenbart eine persönliche Krise – eine unerwartete Krankheit, die Rebellion eines Kindes, ein finanzieller Rückschlag – ihr Fundament als das, was es wirklich ist: instabil und unsicher. Womöglich gelingt es ihnen auch, ihre Ziele zu erreichen und alles zu bekommen, was sie haben wollten, nur um festzustellen, dass der Erfolg sie leer, ruhelos und gelangweilt zurückgelassen hat. Vielleicht sagen sie, wie der Verfasser des Buchs Prediger in der Bibel:

Doch als ich alles prüfend betrachtete, was ich mir mit meinen Händen erworben hatte, und die Mühe dagegen hielt, die ich darauf verwendet hatte, merkte ich, dass alles sinnlos war. Es war so unnütz wie der Versuch, den Wind einzufangen.
Prediger 2,11

Ihre Hoffnungen und Träume sind zerbrochen, sie sind verwirrt und desilusioniert und fragen sich, was falsch gelaufen ist. Vielleicht ist es auch Ihnen schon einmal so ergangen.

Wenn wir auf wacklige Fundamente bauen, werden sich Probleme einstellen. Und das tun wir, wenn wir Christus durch andere Dinge ersetzen und uns selbst allem anderen voranstellen – unsere Träume, unsere Ambitionen, unsere Hoffnungen, unsere Ziele, unser äußerliches Erscheinungsbild, unsere Gesundheit, unseren Besitz. Es mag durchaus sein, dass wir eine Zeit lang ein gewisses Maß an Glück und Zufriedenheit verspüren. Wir sagen uns: „Ist es denn nicht das, worum es im Leben geht? Ist das nicht das Leben, das wir führen sollen? Leben denn nicht alle anderen auch so – oder versuchen es zumindest?"

Aber früher oder später wird sich das wacklige Fundament als das offenbaren, was es ist, und dann werden unvermeidlich Probleme auftauchen. Es werden Risse entstehen und das Fundament wird anfangen zu bröckeln. Traurigerweise werden wir erst dann erkennen, dass wir gehandelt haben wie der Mann in Jesus' Gleichnis vom Haus auf Felsen und Sand, „der sein Haus auf den Sand baute; und der Platzregen fiel herab, und die Ströme kamen, und die Winde wehten und stießen an jenes Haus; und es fiel, und sein Fall war groß" (Matthäus 7,26-27; ELB).

Warum bringen uns Geld, Erfolg und Vergnügen keine andauernde Zufriedenheit? Warum verschaffen uns diese Dinge kein solides Fundament für ein erfolgreiches Leben, vor allem, wenn wir älter werden? Weil all das einen der wichtigsten Aspekte des Lebens außen vor lässt: Wir haben nicht nur einen Körper und einen Verstand, sondern ebenfalls eine Seele, die auch als Geist bezeichnet wird. Wenn wir unseren Körper nähren, aber unsere Seele aushungern, wird unser Leben unvollständig und unausgefüllt sein, und wir werden feststellen, dass wir schwach und auf die unvermeidlichen Herausforderungen des Lebens völlig unvorbereitet sind. Früher oder später werden uns die Stürme des Lebens überwältigen und wir werden erkennen, dass wir unser Leben auf Sand gebaut haben.

Es wird uns sehr leicht gemacht, uns nur auf unser körperliches Wohlbefinden und unser emotionales Glück zu konzentrieren, wenn wir uns auf die Zukunft vorbereiten, denn schließlich werden wir ständig mit Botschaften bombardiert, die betonen, wie wichtig diese Dinge sind. Finanzberater behaupten, um gut auf die Zukunft vorbereitet zu sein, müssten wir nichts weiter tun, als die richtigen Investitionen zu tätigen. Gesundheitsexperten drängen uns, die richtigen Nahrungsmittel zu essen, die richtigen Vitamine zu uns zu nehmen und für angemessene Bewegung zu sorgen, damit wir gesund, glücklich und beliebt werden. In Werbeanzeigen und Dauerwerbesendungen werden uns unzählige Produkte angeboten, mit deren Hilfe wir den neusten Weg zum Erfolg finden, die Probleme des Lebens in den Griff bekommen und das Alter in seine Schranken weisen können. Auch Kosmetikfirmen mischen kräftig mit und behaupten, ihre Produkte könnten die Zeit zurückdrehen und bewirken, dass wir jünger aussehen. Neulich las ich, dass die Amerikaner fast 60 Milliarden

Dollar pro Jahr für Produkte gegen Alterserscheinungen ausgeben, und es wird erwartet, dass sich diese Summe in der Zukunft um jährlich zehn Prozent erhöht.

Natürlich ist es nicht unbedingt falsch, sich über solche Dinge Gedanken zu machen. Wir sollten für unsere Zukunft sparen und wir sollten auch auf unseren Körper und unsere emotionale Gesundheit achten. Aber ist das alles, was wir tun müssen, um uns auf die Zukunft vorzubereiten?

Die Antwort lautet Nein. Auch die beste finanzielle Planung und die umfassendste Gesundheitsvorsorge reichen nicht aus, um uns stabil zu erhalten, wenn Herausforderungen auf uns zukommen. Wird Ihnen ein dickes Bankkonto helfen, wenn körperliche Einschränkungen Ihnen Ihre Freiheit nehmen oder der Tod Sie eines Menschen beraubt, den Sie lieben? Wird eine robuste Gesundheit Sie vor den Stürmen der Einsamkeit, der Trauer oder der finanziellen Unsicherheit schützen, die im Lauf des Alterungsprozesses oft über uns hinwegfegen?

Jesus sagte: „Ist das Leben nicht wichtiger als die Nahrung, und ist der Körper nicht wichtiger als die Kleidung?" (Matthäus 6,25; NGÜ). Wir brauchen mehr – wir brauchen etwas, das tiefer geht und unerschütterlich ist, etwas, das uns durch die harten Zeiten des Lebens trägt. Wir brauchen ein solides Fundament für unser Leben – ein Fundament, das uns Kraft und Stabilität verleiht, was auch immer passiert. Und die Zeit, dieses Fundament zu bauen, ist jetzt.

Gott will nicht, dass wir auf unserer verzweifelten Suche nach Glück, Sicherheit und Frieden ziellos durchs Leben driften, ohne jemals etwas davon zu finden.

Ebenso wenig will er, dass wir unser Leben auf ein instabiles oder unbeständiges Fundament bauen. Für das Fundament, das wir brauchen, hat Gott längst gesorgt!

Als Ruth und ich vor vielen Jahren planten, unser Haus zu bauen, bot uns einer unserer Freunde an, einen ihm bekannten Ingenieur zu bitten, den Baugrund zu prüfen, was wir gerne annahmen. Seine Tests ergaben, dass sich der Boden nach einer längeren Regenzeit setzen könnte. Auf seine Empfehlung hin hob der Bauunternehmer die Erde bis zum Felsengrund aus und goss Betonschichten hinein, damit unser Haus später auf einem stabilen und sicheren Fundament stehen würde. Das erwies sich als die richtige Lösung.

Wir brauchen ein Fundament, das ebenso solide ist wie dieser Grundfels, und das kann uns nur Gott bieten. Jesus Christus ist der Fels, auf den wir unser Leben bauen müssen. Wenn wir ihm unser Leben anvertrauen und in unserer Beziehung zu ihm wachsen, werden wir entdecken, dass er tatsächlich das solide Fundament ist, das wir benötigen. Jedes andere Fundament wird sich als brüchig erweisen. In der Bibel heißt es: „Wir sind sein Haus, das auf dem Fundament der Apostel und Propheten erbaut ist mit Christus Jesus selbst als Eckstein" (Epheser 2,20).

Christus – das sichere Fundament

Warum aber sollten wir unser Leben auf Christus bauen? Der erste Grund lautet: Weil er ist, wer er ist. Jesus Christus war nicht nur irgendein religiöser

Lehrer, der vor etwa 2.000 Jahren auf der Erde lebte. In der Bibel lesen wir, dass er weit mehr war als das: Er war Gott in Menschengestalt. Das ist es, was wir jedes Weihnachten feiern und was wir eigentlich an jedem Tag unseres Lebens feiern sollten. Weiter heißt es in der Bibel, dass Gott an diesem ersten Weihnachten etwas tat, das Sie und ich uns kaum vorstellen können: Er kam vom Himmel herab und wurde Mensch. Dieser Mensch war Jesus, der vollkommen Gott und vollkommen Mensch war.

Wollen Sie wissen, wie Gott ist? Dann sehen Sie auf Jesus, denn er war Gott in Menschengestalt. In der Bibel heißt es: „Christus ist das Bild des unsichtbaren Gottes. ... Denn in Christus lebt die Fülle Gottes in menschlicher Gestalt ..." (Kolosser 1,15; 2,9). Der Beweis war seine Auferstehung von den Toten, die nicht nur seinen Sieg über Sünde und Tod, den Teufel und die Hölle bestätigte, sondern auch sein göttliches Wesen.

Seine Lehren sind nicht nur die gedanklichen Ergüsse eines tiefsinnigen Philosophen oder eines religiösen Predigers, sie sind Gottes Botschaft an uns. Sein barmherziges Handeln war nicht nur das Handeln eines besonders mitfühlenden Menschen, es war eine Demonstration von Gottes Liebe und Interesse für jeden Einzelnen von uns.

Der zweite Grund, warum Christus unser Fundament sein sollte, ist das, was er für uns getan hat. Was wir am allernötigsten brauchen, ist, mit Gott versöhnt zu sein und Teil seiner Familie zu werden, aber dem steht ein unüberbrückbares Hindernis im Weg, und das ist unsere Sünde. Die Sünde trennt uns von Gott und bringt uns unter sein Gericht. Und ganz gleich wie sehr wir uns auch bemühen, wir können unsere Sünde nicht aus eigener Anstrengung auslöschen. Wir sind Gott entfremdet, und in seinen heiligen Augen sind wir schuldig. Der Prophet Jesaja sagte: „… eure Sünden sind eine Schranke, die euch von Gott trennt. Wegen eurer Sünden verbirgt er sein Antlitz vor euch und will euch nicht mehr hören" (Jesaja 59,2).

Nur Gott kann unsere Sünden wegnehmen, und das hat er ermöglicht, indem er seinen einzigen Sohn in die Welt sandte, damit er für uns starb. Jesus Christus kam von Gott und war ohne Sünde. Aber am Kreuz wurden ihm all unsere Sünden auferlegt, und durch seinen Tod nahm er das Gericht und die Hölle, die wir verdient haben, auf sich. Er tat für uns, was wir niemals hätten selbst tun können, und jetzt bietet er uns an, uns Vergebung und ewiges Leben zu schenken. Wir müssen es nur annehmen.

Paulus erinnert uns: „Denn der Lohn der Sünde ist der Tod; das unverdiente Geschenk Gottes dagegen ist das ewige Leben durch Christus Jesus, unseren Herrn" (Römer 6,23). Denken Sie einmal darüber nach: Gott bietet Ihnen jetzt Vergebung und Erlösung an, und das völlig kostenlos, weil Jesus Christus den Preis dafür bereits bezahlt hat.

Wenn wir zu ihm kommen und darauf vertrauen, dass wir in ihm allein Erlösung finden, vergibt Gott uns unsere Sünden und wir sind für immer mit ihm versöhnt. Dann kommt er durch seinen Heiligen Geist in uns hinein, um dort zu wohnen und nimmt uns als seine Söhne und Töchter in seine Familie auf. Und weil wir jetzt zu ihm gehören, werden wir eines Tages bei ihm im Himmel sein. In der Zwischenzeit wird er bis zum Ende unserer Reise auf der Erde in jedem Augenblick bei uns sein.

Es ist nie zu spät, einen neuen Anfang zu machen und Ihr Leben auf das Fundament von Jesus Christus und seinen Willen für Ihr Leben aufzubauen: „Denn niemand kann ein anderes Fundament legen als das, das schon gelegt ist – Jesus Christus" (1. Korinther 3,11). Ist er das Fundament Ihres Lebens?

Die wichtigste Entscheidung des Lebens

Bevor mit dem eigentlichen Bau eines Hauses begonnen werden kann, muss sein Fundament gelegt werden. Die Arbeiter wissen, dass das Fundament von entscheidender Bedeutung ist. Wenn sie diesen Arbeitsgang überspringen oder fehlerhaft ausführen, hat das ganze Gebäude, so schön oder eindrucksvoll es von außen auch erscheinen mag, einen fatalen Mangel und wird nicht dauerhaft bestehen bleiben. Früher oder später wird es nachgeben und in sich zusammenbrechen.

Bevor sie jedoch mit den Bauarbeiten beginnen oder auch nur einen Fuß auf den Baugrund setzen, muss noch etwas anderes stattfinden. Dieses Etwas ist die Entscheidung – der persönliche Entschluss des Besitzers – das

Gebäude zu bauen. Und das muss im übertragenen Sinne auch unser erster Schritt sein. Wir alle wünschen uns ein glückliches Leben, in dem wir uns in Sicherheit wiegen können. Wir alle wünschen uns ein solides und beständiges Fundament. Aber unser Wunsch allein reicht nicht aus. Wir müssen eine Entscheidung treffen. Wir müssen den persönlichen Entschluss fassen, unser Leben Jesus Christus anzuvertrauen und seinem Willen für unsere Zukunft zu folgen.

Haben Sie Ihr Leben Jesus Christus anvertraut? Ganz gleich wie jung oder alt Sie sind: „Wollen Sie Ihr Leben auf ihn aufbauen?" Das ist die wichtigste Entscheidung, die Sie je treffen werden. Warten Sie nicht, bis die Stürme des Lebens über Sie hinwegfegen, denn dann kann es zu spät sein. Öffnen Sie ihm jetzt Ihr Herz und Ihr Leben. „Gott ist bereit, euch gerade jetzt zu helfen. Heute ist der Tag der Erlösung" (2. Korinther 6,2).

Wenn Sie Jesus Christus noch nie gebeten haben, mit Ihnen gemeinsam Ihren weiteren Lebensweg zu gehen, oder wenn Sie sich Ihrer Erlösung nicht sicher sind, lade ich Sie ein, jetzt mit mir zusammen zu ihm zu beten. Bitten Sie ihn, in Ihr Leben zu kommen, Ihnen zu vergeben und Ihnen ewiges Leben zu schenken, und er wird es tun. Sprechen Sie jetzt das folgende Gebet mit mir oder sagen Sie es in Ihren eigenen Worten:

Guter Gott, ich weiß, dass ich ein Sünder bin. Meine Sünden tun mir leid, und ich will von ihnen umkehren. Ich vertraue Jesus Christus als meinem Retter, ich bekenne ihn als meinen Herrn und ich lade ihn heute ein, in mein Leben zu kommen. Von diesem Moment an will ich ihn zum Fundament meines Lebens machen, ich will ihm dienen und ihm zusammen mit seiner Gemeinde nachfolgen. In Christi Namen, amen.*

Wenn Sie dieses Gebet aufrichtig gebetet haben, hat Gott Sie gehört und Ihnen vergeben, und jetzt sind Sie für immer sein Kind. Sie haben den ersten Schritt getan, um Ihr Leben auf ein solides Fundament zu gründen – ein Fundament, das nicht nur Ihr ganzes Leben lang halten wird, sondern bis in alle Ewigkeit. Und darüber hinaus wird Ihnen Ihre Entscheidung die moralische und geistliche Stärke verleihen, die Sie brauchen, um sich den Herausforderungen des Lebens zu stellen.

Mit einem soliden Fundament auf das Ziel zu

Wenn mir die Worte in den Sinn kommen, die J. W. Van DeVenter 1896 schrieb, denke ich an das Fundament des christlichen Lebens:

*Alles will ich Jesu weihen,
nichts mehr will ich nennen mein.
Leib und Seele, Gut und Habe,
alles soll dein Eigen sein.*

Nachdem wir Jesus Christus als unseren Herrn und Retter angenommen haben, weist er uns an, in seinen

Fußstapfen zu gehen. Seine Kraft gibt uns den Mut, ihm nachzufolgen und in seiner Gegenwart zu leben.

Die Seiten der Bibel sind gefüllt mit Biografien von Menschen, die vor uns gelebt und ihre Fundamente richtig gelegt haben. Aus ihnen sollten die Älteren unter uns Mut schöpfen. In der Bibel wird das hohe Alter nicht belächelt, sondern, ganz im Gegenteil, es werden seine Werte und Tugenden hervorgehoben. Wir täten gut daran, der Weisheit derjenigen nachzueifern, die die Ecksteine von Gottes Wahrheit verantwortungsvoll weitergegeben haben.

Bevor Josua im Alter von 110 Jahren starb, versammelte er die Menschen, die er angeleitet hatte, um sich und erinnerte sie an die alten Tage: an ihren Ungehorsam und ihre Umkehr sowie Gottes Vergebung und Treue. Dann traf er eine Aussage, die heute, Tausende Jahre später, in vielen Häusern auf der ganzen Welt an der Wand hängt: „Ich und meine Familie, werden jedenfalls dem Herrn dienen" (Josua 24,15). Josua zog sich im hohen Alter weder zurück noch drückte er sich vor seiner Verantwortung. Er trat mutig vor die Leute und erinnerte sie an die Ecksteine, die unser Fundament sichern: „Deshalb ehrt den Herrn und dient ihm treu und beständig" (Josua 24,14).

Statt uns während unseres Lebensabends zurückzuziehen, müssen wir wie Josua treu verkünden: „… wendet eure Herzen dem Herrn, dem Gott Israels, zu" (Josua 24,23). Vielleicht werden die Menschen, die uns zusehen und zuhören, reagieren wie jene, die Josuas weisen Rat hörten und sagten: „Wir werden dem Herrn, unserem Gott, dienen. Wir werden ihm allein gehorchen" (Josua 24,24). In der Bibel heißt es von Josua, dass er „noch um alles wusste, was der Herr für Israel getan hatte" (Josua 24,31). Unsere Stimme mag schwächer werden, aber lassen Sie uns geistig stark bleiben und andere daran erinnern, dass die Liebe Gottes in den Herzen all derjenigen, die Verlangen nach dem Wasser des Lebens haben, tiefe Wurzeln schlagen wird.

Starke Wurzeln

Wie ihr nun Christus Jesus als euren Herrn angenommen habt, so lebt auch mit ihm ... Senkt eure Wurzeln tief in seinen Boden und schöpft aus ihm, dann werdet ihr im Glauben wachsen ...
Kolosser 2,6-7

Jeder, der aufhört zu lernen, ist alt, ob er nun zwanzig ist oder achtzig.
Henry Ford

Ob etwas alt oder neu ist, spielt in unserer Gesellschaft keine große Rolle, was zählt, ist nur das Allerneuste. Die hoch technisierte Welt entwickelt sich mit einer unglaublichen Geschwindigkeit immer weiter. Die Gesellschaft ist stets darauf aus, auf dem allerneusten Stand zu sein, doch oft ist das Allerneuste morgen schon wieder alt. Ein Nachrichtensender übertrug kürzlich eine Pressekonferenz, auf der das neue iPad vorgestellt wurde. Noch bevor die Präsentation beendet war, berichteten die Entwickler des iPad von ihren Plänen für das neue Produkt, welches das iPad in Zukunft ersetzen sollte. Mit dem Neusten und Besten Schritt zu halten ist sehr schwierig.

Das rasante Tempo, in dem Neuheiten auf den Markt kommen, ist sehr herausfordernd, vor allem für diejenigen von uns, die in ihren Jahren bereits fortgeschritten sind. Meine Generation hat die Entwicklung vom Ford T-Modell bis hin zu der großen Palette der i-Produkte und -Dienste miterlebt – sei es iPhone, iPod, iCard, iStore, iCloud und so weiter.

Wir wurden gelehrt, auf das, was wir besaßen, achtzugeben und es dann an die Jüngeren weiterzureichen – in der Hoffnung, dass sie seinen Wert zu schätzen wissen. Die Jungen sind jedoch daran gewöhnt, ihre Besitztümer gegen andere auszutauschen, die zwar äußerlich gleich aussehen, jedoch etwas besitzen, das man nicht sieht: mehr Speicherkapazität. In einer Welt, die bereits in der Informationsflut zu ertrinken droht, arbeiten Hightechunternehmen ständig daran, die Speicherkapazität ihrer Produkte zu erhöhen, und die Nutzer sind nur zu gern bereit, das Alte zu vergessen, um Raum für das Neue zu schaffen. Währenddessen klammern wir aus der älteren Generation uns an die Erinnerungen, die wir auf unserer Reise angehäuft haben, ängstlich darauf bedacht, die Stützpfeiler unseres Lebens nicht zu vergessen – die Anker, die uns Halt gaben, die Leuchttürme, die uns mit ihrem Lichtstrahl die Richtung wiesen, und das Wort Gottes, das die aufgewühlte See beruhigte.

Auf der Internetseite eines bekannten Unternehmens für technisches Zubehör ist zu lesen: „Wir sind von so viel Technik umgeben, dass wir anfangen, unsere Wurzeln zu vergessen."[1] Das ist ein großes Eingeständnis und es ist wahr. Manchmal sind die Menschen so sehr damit beschäftigt, ihre Onlineverbindung aufrechtzuerhalten und die ständig neuen Informationen zu verarbeiten, dass ihre Verbindung zu anderen Menschen abbricht.

Die Technik kann Beziehungen schwächen und die Realität des Lebens verdrängen. Je älter wir werden, desto intensiver bekommen wir diesen Kontaktverlust zu spüren, insbesondere seitens der Jungen. Deshalb möchte ich alle Großeltern ermutigen, die Suche nach kreativen Möglichkeiten, wie sie ihre Enkel beschäftigen können, niemals aufzugeben. Bedenken Sie, die älteste Generation mag mit kurzfristigem Gedächtnisverlust zu kämpfen haben, aber ihre Aufmerksamkeitsspanne ist wahrscheinlich immer noch größer als die der jüngeren Generation. Lassen Sie uns nicht vergessen, sie durch unser Vorbild zu lehren, wie wichtig unsere Wurzeln sind.

Die jüngeren Generationen haben mehr mit Langeweile zu kämpfen, als meine Generation es tat. Wenn etwas neu für uns war, blieb es auch lange Zeit neu und geschätzt. Aber letzten Endes nutzt sich alles Neue ab. Schon wenige Tage, nachdem ein Baby geboren wurde, empfinden seine Eltern das am Anfang so geschätzte Wimmern des Kleinen als nervtötendes Gejammer. Die ersten Schritte eines Kleinkindes werden noch mit Applaus bedacht, doch sobald es seine Schritte in eine Richtung lenkt, wo Gefahr droht, wird es getadelt. König Salomo sagte in seiner Weisheit bereits voraus, wie schnell sich die anfängliche Begeisterung für das Beste und Allerneuste in Unzufriedenheit und Unmut verwandeln würde. Er schrieb:

Das Auge kann sich niemals satt sehen und das Ohr kann nie genug hören. Es gibt nichts Neues unter der Sonne. Gibt es eigentlich irgendetwas, von dem man

sagen könnte: "So etwas gab es noch nie!"? Nein, alles gab es schon irgendwann einmal – in längst vergangenen Zeiten.
Prediger 1,8-10

Obwohl wir alle in mancherlei Hinsicht von der modernen Technik profitieren, frage ich mich manchmal, wie die Welt aussehen würde, wenn wir plötzlich nicht mehr über die notwendige Energie verfügen würden, um unsere Kommunikationsnetze aufrechtzuerhalten. Wäre die jüngere Generation in der Lage, Feldfrüchte anzubauen, um ihre Familie zu ernähren? Wüssten sie, wie man den Anker auswirft und seine Netze mit Fischen füllt? Würde es ihnen aus eigener Kraft gelingen zu überleben? Das Neue ist gut. Das Alte ist notwendig.

In der Bibel finden wir zahlreiche Verse über Altes und Neues. „… ich schreibe euch kein neues Gebot, sondern ein altes, das ihr schon von Anfang an hattet. Dieses Gebot entspricht dem, was ihr schon früher gehört habt" (1. Johannes 2,7). In diesen Versen erinnert Johannes seine Leser daran, dass jemand, der vorgibt Gott zu kennen, seine Behauptung damit untermauert, dass er die Gebote befolgt, die er ihnen vor langer Zeit gegeben hat, die sie „schon von Anfang an" hatten. „… wer sein Wort hält, an dem zeigt sich Gottes Liebe in vollkommener Weise" (1. Johannes 2,5). Alles, was es schon „von Anfang an" gab, ist alt, einschließlich der Liebe Gottes, die schon vor Anbeginn der Zeit da war. Als die Menschen nicht in der Lage waren, die unbeschreibliche Liebe Gottes, des Schöpfers, zu begreifen, sandte er seine Liebe in Form seines Sohnes, Jesus

Christus, auf die Erde hinab. Durch das Opfer, das Jesus für uns brachte – sich selbst –, sind wir erlöst und fest in ihm verwurzelt.

Vom Samen zum Setzling

Etwas anzubauen braucht Zeit. Es erfordert Planung. Es erfordert Hingabe. Es hat etwas Dankbares, die Erde vorzubereiten, den Samen auszusäen und zu wässern und dann zuzusehen, wie die Sonne eine zarte Pflanze aus dem Boden hervorlockt. Es ist befriedigend, ein Baugrundstück zu erschließen, ein Haus zu planen und den Baufortschritt zu beobachten, bis es schließlich fertig ist. Aber ein solcher über Monate andauernder Prozess lässt sich nicht mit der Stoppuhr verfolgen. Geduld ist eine Tugend, die mehr und mehr verloren geht. Vor hundert Jahren wurde die Zeit noch mittels Sanduhren gemessen. Wenn heute die Sanduhr auf unserem Computerbildschirm länger als ein paar Sekunden zu sehen ist, bedeutet das für den Schüler oder den Angestellten, der keine Zeit zu vergeuden hat, bereits einen unzumutbaren Stress.

Ich habe Menschen, die mit ihren Händen arbeiten, immer bewundert. Als einer meiner Freunde vor einigen Jahren in Rente ging, begannen er und seine Frau nach einem geeigneten Ort zu suchen, wo sie ihren Lebensabend verbringen konnten. Eine Voraussetzung, die dieser Ort erfüllen musste, war, dass er dort einen Laden für seine Holzarbeiten eröffnen konnte. Noch heute fertigt er aus dem Holz, das er beim Wandern in den nahe gelegenen Wäldern findet, wunderschöne Schüsseln und Kerzenhalter an.

„Mit welchem Holz arbeitest du am liebsten?", fragte ich ihn eines Tages.

„Ich denke, mit dem Holz der Bäume, die auf den Bergkämmen der Appalachen wachsen", antwortete er.

„Warum?"

„Aufgrund des rauen Klimas wachsen die Bäume dort sehr langsam", antwortete er. „Deshalb ist das Holz sehr hart und eng gemasert. Dadurch lässt es sich zwar schwer bearbeiten, aber alles, was daraus entsteht, ist sehr schön und langlebig."

Das überraschte mich. Ich hatte solche Bäume auf meinen Wanderungen oft gesehen. Durch den scharfen, kalten Wind, der häufig über die Gipfel des Mount Mitchell, den höchsten Punkt in den Vereinigten Staaten östlich des Mississippi, hinwegfegt, waren sie verkrüppelt und hatten groteske Formen angenommen. Als er mir jedoch eine kleine Schatulle zeigte, die er aus diesem Holz gefertigt hatte, wurde mir klar, dass durch die Hand eines Meisters aus etwas Hässlichem etwas ganz Wunderbares entstehen konnte. Um dies noch besser zu verstehen, bat ich ihn, mir ein Stück unbearbeitetes Holz zu zeigen.

„Ich habe gerade keines mehr. Weißt du, ich schlage solche Bäume nicht ab. Ich warte, bis sie von selbst umfallen, und dann sammle ich das Holz ein und verwandle es in etwas Schönes."

Wie die Bäume auf diesen windgepeitschten Bergkämmen, werden auch wir oft von Stürmen umtost – von den Stürmen des Lebens. Und wie diese Bäume brauchen auch wir tiefe Wurzeln, die uns mit der geistlichen Nahrung versorgen, die wir brauchen, um einen starken Glauben zu entwickeln und fest zu stehen, wenn wir von den Prüfungen des Lebens hin- und hergeschleudert werden.

Deshalb ist es auch kein Zufall, dass wir in der Bibel mit Bäumen verglichen und gedrängt werden sicherzustellen, dass unsere geistlichen Wurzeln tief und stark sind. Der Psalmist schrieb über den glücklichen Menschen: „Er ist wie ein Baum, der am Flussufer wurzelt und Jahr für Jahr reiche Frucht trägt" (Psalm 1,3). Aber ein Baum war nicht immer ein Baum. Er entsteht aus einem kleinen Samen, der aufgeht und zu einem Setzling wird. Wenn die äußeren Bedingungen stimmen, wächst dieser zarte Setzling zu einem Bäumchen heran und schließlich zu einem voll entwickelten Baum.

Dasselbe gilt für unser geistliches Leben. Es beginnt mit einem Samen, dem Samen von Gottes Wort, das in die Erde unserer Seele eingepflanzt wird und schließlich austreibt und zu einem neuen Setzling wird. Aber wie bei einem Baum, soll auch dieser geistliche Setzling nicht für immer ein Setzling bleiben. Er soll wachsen, stark und reif werden und Frucht tragen, die Gott gefällt. In der Bibel wird diese Wahrheit anhand eines anderen Beispiels veranschaulicht. Wenn wir zu Christus kommen, so heißt es, sind wir wie neugeborene Babys. Wir strotzen vor neuem Leben, aber wir sind hilflos, schwach und jeder Gefahr schutzlos ausgeliefert. Aber ein Baby soll nicht immer ein Baby bleiben. Kleine Kinder sollen heranreifen und schließlich zu Erwachsenen werden, die nicht länger hilflos, schwach und verwundbar sind, sondern die Fähigkeit erlangt haben, auf sich selbst achtzugeben und ein erfülltes und ertragreiches Leben zu führen.

So verhält es sich auch in geistlicher Hinsicht. Wenn wir zu Christus kommen, werden wir wiedergeboren. Das bedeutet, dass Gott, unser himmlischer Vater, durch seinen Heiligen Geist in unserem Herzen wirkt, um uns als seinen Kindern ein neues Leben zu schenken (siehe Johannes 3,1-17). Aber wir sollen keine geistlichen Kleinkinder bleiben, die schwach und verwundbar sind und angesichts jeder Versuchung, jedes Zweifels, jeder Falschheit und jeder Furcht einknicken. Gott will, dass wir einen starken Glauben entwickeln und geistlich reif werden, dass wir in der Wahrheit seines Wortes gegründet und fest entschlossen sind, seinen Willen zu tun.

In der Bibel heißt es: „So wie ein Säugling nach Milch schreit, sollt ihr nach der reinen Milch – dem Wort Gottes – verlangen, die ihr benötigt, um im Glauben zu wachsen ..." (1. Petrus 2,2).

Wenn Sie Christus Ihr Leben anvertrauen, ist das ein wesentlicher erster Schritt, aber es ist eben nur der erste Schritt. Gottes Wille für Sie besteht darin, dass Sie geistlich heranreifen und in Ihrer Beziehung zu Christus und Ihrem Dienst für ihn stärker werden. Doch das erfordert sowohl Zeit als auch Mühe. Jesus Ihr Leben anzuvertrauen dauert nur einen Augenblick; der geistliche Reifeprozess dagegen dauert ein ganzes Leben lang an. Die Reise zu geistlicher Reife besteht aus vielen Schritten, aber sie sollte unser aller Hauptziel im Leben sein. Ist es auch das Ihre?

Werden Sie ihm ähnlicher

Was ist geistliche Reife? Oder, anders ausgedrückt, was will Gott in unserem Leben tun? Was will er in Ihrem Leben tun?

Die Antwort, die wir auf diese Frage in der Bibel finden, lautet: Gottes Wille für uns ist, dass wir Jesus Christus immer ähnlicher werden. Er will uns von innen nach außen verändern und dabei alles wegnehmen, was ihm nicht angemessen ist, und es durch die Liebe und die Reinheit Christi ersetzen. Gott hat uns schon vor Beginn der Zeit dazu bestimmt, „seinem Sohn gleich zu werden, damit sein Sohn der Erstgeborene unter vielen Geschwistern werde" (Römer 8,29). Das ist geistliche Reife: Christus immer ähnlicher zu werden in „Liebe, Freude, Frieden, Geduld, Freundlichkeit, Güte, Treue, Sanftmut und Selbstbeherrschung" (Galater 5,22-23).

Werden wir dieses Ziel je erreichen? Nein, nicht vollständig, zumindest nicht in diesem Leben. Aber eines Tages werden wir für immer in Gottes Gegenwart ankommen, und dann werden wir endgültig aus den Fängen der Sünde befreit sein. Dann werden wir sein „wie er, denn wir werden ihn sehen, wie er wirklich ist" (1. Johannes, 3,2).

Aber was ist nun mit der Gegenwart? Ist unser jetziges Streben nach geistlicher Reife dann nicht völlig hoffnungslos? Nein! Gott will jetzt anfangen, uns von innen nach außen zu verändern und uns Christus ähnlicher zu machen. Im Himmel wird dieser Prozess schließlich vollendet werden. Die Sünde wird keine Macht mehr über uns haben, und wir werden das himmlische Heim erben, das Christus für uns vorbereitet hat.

Entwickeln Sie Ihre Wurzeln

Wie können wir einen Glauben entwickeln, der stark genug ist, um uns durch unser ganzes Leben zu tragen, einschließlich der Unwägbarkeiten und der Herausforderungen des Alters? Der Schlüssel liegt darin: Gott will, dass wir geistlich stark sind und er hat uns deshalb alles zur Verfügung gestellt, was wir dafür brauchen. In uns selbst sind wir schwach, und wenn wir versuchen, die Kämpfe und Versuchungen des Lebens aus eigener Kraft zu bewältigen, werden wir unweigerlich scheitern. Wir brauchen Gottes Kraft, um den Herausforderungen des Lebens zu begegnen, und er will sie uns geben. Er wird uns im Glauben stärken, während wir von den Ressourcen, die er uns geschenkt hat, Gebrauch machen. Er wird ein Wurzelwerk in uns aufbauen, das uns sicheren Halt gibt. Petrus erinnert uns: „Wenn wir Jesus immer besser kennenlernen, gibt seine göttliche Kraft uns alles, was wir brauchen, um ein Leben zu führen, über das sich Gott freut. Er hat uns durch seine Herrlichkeit und Güte berufen!" (2. Petrus 1,3).

Tragischerweise bleiben manche Christen in ihrer geistlichen Entwicklung stecken. Obwohl sie ihr Leben Christus anvertraut haben, vielleicht sogar in ihren Gemeinden aktiv sind und gelegentlich in der Bibel lesen und beten, bleiben sie geistlich unreif und erweisen sich angesichts der Versuchungen und Rückschläge des Lebens als schwach. In der Bibel werden wir vor den Gefahren gewarnt, die es mit sich bringt, wenn wir geistliche Kleinkinder bleiben. Dann werden wir „hin- und hergeworfen und umhergetrieben von jedem Wind der Lehre durch die Betrügerei der Menschen, durch ihre Verschlagenheit zu listig ersonnenem Irrtum" (Epheser 4,14; ELB).

Wir mögen alt an Jahren sein, aber wenn das Heranreifen unseres Glaubens nicht im selben Maß fortgeschritten ist wie unser körperlicher Alterungsprozess, werden wir möglicherweise unvorbereitet und voller Furcht in unseren Lebensabend eintreten. Aber das muss nicht so sein. Ebenso wie ein Baby Nahrung braucht und lernen muss, um zu einem gesunden Kind heranzuwachsen, brauchen wir die geistliche Nahrung und die Lehre, die Gott uns zur Verfügung gestellt hat. Ohne sie ist unser Glaube schwach, aber mit ihnen wird unsere geistliche Kraft wachsen und wir werden besser auf alles vorbereitet sein, was immer das Leben für uns bereithält.

Wie werden wir nun stark im Glauben? Welche geistlichen Ressourcen hat Gott uns gegeben, um dieses Ziel zu erreichen? Auf den nächsten Seiten möchte ich auf fünf dieser Ressourcen eingehen.

Gottes Wort

Als Ruth vor einigen Jahren eine unserer Töchter besuchte, beschloss sie, für ihre Enkel eine Seilrutsche zu bauen. Abenteuerlustig, wie sie war, spannte sie ein dickes Seil zwischen zwei Bäumen und befestigte es in unterschiedlicher Höhe. Um zu testen, ob die Rutsche funktionierte, kletterte sie auf den Baum mit dem höheren Ende, schnappte sich den Griff, der aus einem Stück Rohr bestand, stieß sich ab und sauste das Seil hinunter. Aber das Seil riss und Ruth fiel aus viereinhalb Metern auf den Boden. Sie brach sich mehrere Knochen, einer ihrer Rückenwirbel war zertrümmert, und sie erlitt eine so schwere Gehirnerschütterung, dass sie eine Woche im Koma lag. Während sie sich langsam wieder erholte, merkte sie, dass sie große Teile ihres Gedächtnisses verloren hatte, einschließlich all der Bibelverse, die sie seit ihrer Kindheit auswendig gelernt hatte.

„Das war das Schlimmste", sagte sie später. „Die Bibel bedeutete mir so viel. Sie hatte mich mein ganzes Leben lang angeleitet, und jetzt konnte ich mich an keinen einzigen Vers mehr erinnern. Das war niederschmetternd."

Ich verstand ihren Schmerz, mir wäre es an ihrer Stelle ebenso ergangen. Glücklicherweise kehrte ihr Gedächtnis im Lauf der Zeit weitgehend zurück und Schritt für Schritt erinnerte sie sich auch wieder an die Bibelverse, die sie über die Jahre hinweg gelernt hatte.

Warum war die Bibel so wichtig für sie? Und warum sollte sie für uns wichtig sein? Der Grund ist simpel: Die Bibel ist Gottes Wort, und er hat sie uns gegeben, um uns die Wahrheit zu lehren und uns durchs Leben zu führen. In der Bibel heißt es:

„Ich bin der Herr, dein Gott,
der dich lehrt, was dir nützt,
und dir den Weg zeigt, den du gehen sollst."
Jesaja 48,17

Die Bibel zu lesen ist keine Wahlmöglichkeit, es ist eine Notwendigkeit, wenn wir in Gott verwurzelt sein wollen.

Wie aber hilft uns die Bibel dabei, uns geistlich zu entwickeln? Als Erstes zeigt sie uns die Wahrheit auf – über Gott, über uns selbst, über die Welt um uns herum, über die Zukunft und vor allem über Jesus Christus und seine Liebe zu uns. Nur Jesus, der eingeborene Sohn Gottes, konnte sagen: „Ich bin der Weg, die Wahrheit und das Leben. Niemand kommt zum Vater außer durch mich. ... Wer mich gesehen hat, hat den Vater gesehen!" (Johannes 14,6.9). Der christliche Glaube stützt sich nicht auf persönliche Meinungen oder unbegründeten Optimismus. Er ist in der unveränderlichen Wahrheit Gottes verwurzelt, die uns auf den Seiten seines geschriebenen Wortes offenbart wird. Die Bibel ist wie ein konstanter Regen, der die Wurzeln unseres Glaubens mit Wasser versorgt. Wenn wir darin lesen, wird sie uns täglich aufs Neue inspirieren.

Die Wahrheiten aus der Bibel nähren unsere wachsenden Wurzeln mit den Prinzipien, nach denen wir leben sollten. Wir stehen jeden Tag vor Entscheidungen. Manche von ihnen sind unbedeutend, andere jedoch sind von größter Wichtigkeit, auch wenn uns das zu diesem Zeitpunkt möglicherweise nicht bewusst ist. Aber wie können wir sicher sein, die richtigen Entscheidungen zu treffen? Ganz einfach, indem wir sie anhand der biblischen Grundsätze beleuchten. Der Psalmist erinnert uns an diese Verfahrensweise: „Wie kann ein junger Mensch in seinem Leben rein von

Schuld bleiben? Indem er sich an dein Wort hält und es befolgt" (Psalm 119,9).

Die Welt um uns herum hat ihre eigenen Werte und Ziele: Selbsterfüllung, Erfolg, Vergnügen, Sicherheit, Stolz und so weiter. Aber all das führt uns in die falsche Richtung und wird uns nie die Sicherheit und den dauerhaften Frieden bescheren, den wir suchen.

In seinem Handbuch gibt Gott uns andere Werte und Ziele, und diese stellen Christus in den Mittelpunkt unseres Lebens, nicht uns selbst. Wir werden aufgefordert, uns von Sünde und Zügellosigkeit fernzuhalten und es uns stattdessen zum Ziel zu machen, ein Leben zu führen, das erfüllt ist von „Gerechtigkeit, Ehrfurcht vor Gott, Glauben, Liebe, Standhaftigkeit und Freundlichkeit" (siehe 1. Timotheus 6,11; NGÜ). In der Bibel finden wir außerdem ganz praktische Weisheiten für unser tägliches Leben, anhand derer wir lernen können, wie wir leben sollen.

So studierte ich zum Beispiel viele Jahre lang jeden Tag ein Kapitel aus dem Buch der Sprüche, sodass ich das ganze Buch jeden Monat einmal komplett durchlas. Auf diese Weise entdeckte ich, dass die Sprüche für eine Vielzahl von Themen praktische Weisheiten beinhalten: Beziehungen, Besitz, Familie, unser Reden, unsere Arbeit, unsere Gewohnheiten und vieles mehr.

Neben den ganz praktischen Ratschlägen finden sich in Gottes Wort vom Anfang bis zum Ende unzählige Verheißungen – Verheißungen hinsichtlich seiner sich nie verändernden Liebe, seiner Gegenwart, seiner Hilfe, seines Friedens in Zeiten des Aufruhrs. Doch die größte aller Verheißungen ist die, dass wir aufgrund dessen, was Jesus für uns getan hat, eines Tages für immer bei Gott im Himmel sein werden. Studieren Sie Gottes Verheißungen, vertrauen Sie auf sie und leben Sie jeden Tag mit ihnen, denn Gott hat uns „… seine kostbaren und größten Zusagen geschenkt. Er hat versprochen, dass ihr Anteil an seiner göttlichen Natur haben werdet, denn ihr seid dem Verderben dieser verführerischen Welt entflohen" (2. Petrus 1,4).

Ist es Ihr Ziel, Ihr Leben auf die Prinzipien und Werte zu gründen, die Gott uns gegeben hat? Lassen Sie sich nicht entmutigen, wenn Sie nicht gleich alles verstehen, was Sie in der Bibel lesen. Auch wenn Sie nur ein paar Verse pro Tag lesen, kann Gott diese gebrauchen, um Ihr Leben umzuformen. Nutzen Sie die Möglichkeiten, die sich Ihnen bieten, von anderen etwas über die Bibel zu lernen – von Ihrem Pastor, von angesehenen christlichen Lehrern in Radio und Fernsehen, aus christlichen Büchern, auf Bibelschulen oder christlichen Veranstaltungen. Diese Dinge sollten Ihnen jedoch nie als Ersatz dafür dienen, selbst in der Bibel zu lesen.

Der Heilige Geist

Wenn wir zu Jesus Christus kommen, an ihn glauben und ihm vertrauen, wird Gott selbst in uns Wohnung beziehen und in uns leben. Es ist gut möglich, dass wir uns nicht anders fühlen als vorher. Vielleicht sind wir uns seiner Gegenwart nicht bewusst oder zweifeln sogar daran, dass sich wirklich irgendetwas verändert hat. Aber das hat es. Gott lebt jetzt in uns! Und das tut er durch seinen Heiligen Geist.

Jesus ist vollkommen Gott, und ebenso ist auch der Heilige Geist vollkommen Gott. Auch wenn wir ihn nicht sehen können, ist er der Teil von Gott, der in unserem Leben wirkt. Er ist keine unpersönliche Kraft, wie beispielsweise die Schwerkraft; er ist eine Person, genauso wie Gott der Vater und Christus der Sohn. Doch warum bezieht Gott, der Heilige Geist, Wohnung in uns, um dort zu leben, wenn wir Jesus unser Leben anvertraut haben? Er tut dies, um uns die Sicherheit unserer Erlösung zu vermitteln. Darüber hinaus hat Gott uns den Heiligen Geist gegeben, damit er uns hilft, den Willen Gottes zu erkennen. Natürlich finden wir in der Bibel die Grundsätze, nach denen wir leben sollen und die uns helfen zu vermeiden, was falsch ist, und zu tun, was richtig ist. Aber oft müssen wir uns zwischen zwei Dingen entscheiden, die uns gleichermaßen gut erscheinen, und dann müssen wir wissen, welche Wahl die richtige ist. Sollen wir unseren Arbeitsplatz wechseln? Unser Haus verkaufen? Eine bestimmte Person heiraten? In den Ruhestand gehen? Die Liste ist fast endlos, denn das Leben ist voller Entscheidungen. Ich bin fest davon überzeugt, dass Gott uns in solchen Zeiten schwerer Entscheidungen hilft, denn er liebt uns und will, dass wir das tun, was das Beste für uns ist. Deshalb steht auch in Jesaja 30,21: „Ob dein Weg nach rechts oder links führt, wird eine Stimme hinter dir herrufen und dir ansagen: ‚Das ist der richtige Weg, den geh!'" Der Heilige Geist erleuchtet unseren Geist und bewirkt, dass wir uns nach Gott sehnen. Er zeigt uns geistliche Wahrheiten und macht sie für uns verständlich.

Ein weiterer Grund, warum Gott uns den Heiligen Geist gegeben hat, ist, dass er uns in unsicheren Zeiten ermutigt und stärkt. „Der Heilige Geist hilft uns in unserer Schwäche" (Römer 8,26), und das bedeutet mehr, als dass er uns hilft, wenn wir beten. Wenn wir harte Zeiten erleben, bringt er uns vielleicht Bibelverse in Erinnerung, die uns der Liebe und des Schutzes Gottes versichern. Wenn Versuchungen uns bombardieren, stärkt er uns und gibt uns den Mut, gegen unseren Widersacher, anzukämpfen.

Und nicht zuletzt kommt der Heilige Geist in uns hinein, um uns von innen nach außen zu verändern. Gott möchte unser Leben verändern, um uns Christus ähnlicher werden zu lassen. In der Bibel heißt es: „Deshalb orientiert euch nicht am Verhalten und an den Gewohnheiten dieser Welt, sondern lasst euch von Gott durch Veränderung eurer Denkweise in neue Menschen verwandeln" (Römer 12,2).

Versuchen Sie also nicht, den Kampf des christlichen Lebens aus eigener Kraft heraus zu kämpfen. Wenden Sie sich stattdessen Gott zu, ordnen Sie sich ihm unter, glauben Sie an ihn und vertrauen Sie darauf, dass sein Heiliger Geist Ihnen hilft.

Gebet

Manche Menschen betrachten das Gebet als eine Last oder eine Verpflichtung, aber in Wirklichkeit ist es eines unserer größten Vorrechte als Kinder Gottes. Stellen Sie sich doch bitte einmal Folgendes vor: Der Gott des Universums will, dass wir ihm im Gebet alle unsere Sorgen bringen! Ich habe noch nie erlebt, dass ein Mensch, der jeden Tag Zeit im Gebet verbringt, regelmäßig Gottes Wort studiert und einen starken Glauben hat, über längere Zeit hinweg entmutigt war. In der Bibel heißt es: „Sorgt euch um nichts, sondern betet um alles. Sagt Gott, was ihr braucht, und dankt ihm. Ihr werdet Gottes Frieden erfahren, der größer ist, als unser menschlicher Verstand es je begreifen kann. Sein Friede wird eure Herzen und Gedanken im Glauben an Jesus Christus bewahren" (Philipper 4,6-7).

Beantwortet Gott unsere Gebete immer so, wie wir es uns wünschen? Nein, nicht unbedingt. Und das hat er uns auch nicht versprochen. Er sieht das ganze Bild; wir sehen es nicht. Er weiß, was für uns am besten ist; wir wissen es oft nicht. Deshalb sagt er manchmal: „Nein" oder „nicht jetzt". Aber Gott hat uns versprochen, dass er uns hört, wenn wir beten, und dass er unsere Gebete gemäß seines Zeitplans und auf seine Weise beantwortet. „Und wir dürfen zuversichtlich sein, dass er uns erhört, wenn wir ihn um etwas bitten, das seinem Willen entspricht" (1. Johannes 5,14).

Bedenken Sie jedoch, dass das Gebet nicht nur dafür da ist, Gott um das zu bitten, was wir haben wollen. Das Gebet ist für jeden Augenblick unseres Lebens da, nicht nur für Zeiten des Leids oder großer Freude. Das Gebet ist ein Ort – ein Ort, an dem Sie sich mit Gott zu einem aufrichtigen Gespräch treffen. Ein wahres Gebet beinhaltet auch, dass wir ihm danken und ihn dafür preisen, wer er ist und was er tut. In 1. Thessalonicher 5,17 (ELB) heißt es, wir sollen „unablässig beten" – nicht nur, wenn wir in einer

Krise stecken oder wollen, dass Gott uns hilft. Doch ganz gleich wie düster oder hoffnungslos eine Situation erscheinen mag, hören Sie nie auf zu beten. Das Gebet sollte Teil Ihrer Lebenshaltung sein. Wir können es uns nicht leisten, zu beschäftigt zu sein, um beten zu können.

Ich bekomme oft Briefe von Kranken und älteren Menschen, die mir schreiben: „Alles, was ich tun kann, ist beten." Ich habe daraufhin schon oft zurückgeschrieben: „Gott segne Sie, dass Sie das Wichtigste überhaupt tun." Ich erinnere mich noch daran, welcher Trost es mir in den frühen Jahren meines Dienstes war zu wissen, dass meine Mutter zu Hause für mich betete. Es gab mir Kraft, und Gott gebrauchte diese Tatsache, um mir dabei zu helfen, am Ball zu bleiben und mich auf die Aufgabe, die er mir gegeben hatte, zu konzentrieren. Wir brauchen Armeen von Betern!

Gemeinschaft

Es war nie vorgesehen, dass wir isoliert und unabhängig voneinander sind, weder als Menschen noch als Christen. Wir brauchen andere Menschen in unserem Leben, und sie brauchen uns. Das gilt vor allem dann, wenn wir im Glauben wachsen wollen. In der Bibel heißt es: „Und lasst uns unsere Zusammenkünfte nicht versäumen, wie einige es tun, sondern ermutigt … einander …" (Hebräer 10,25). Es ist nun einmal so, dass ein einzelner Christ unausweichlich auch ein schwacher Christ ist, weil er keine Kraft daraus beziehen kann, was Gott im Leben seiner Brüder und Schwestern in Christus tut.

Wenn Sie gerade keiner christlichen Gemeinschaft angehören, bitten Sie Gott, Sie zu einer Gemeinde zu führen, in der Sie durch Predigten, biblische Lehre und Lobpreis in Ihrem Glauben wachsen können. Die Gemeinde ist ein Vorratshaus für geistliche Nahrung. Hier wird unsere Seele genährt, gesättigt und geformt, bis sie geistliche Reife erlangt. Hier können wir „einander Mut machen und einer den anderen stärken" (1. Thessalonicher 5,11).

Der Dienst am anderen

Ebenso wie unser Körper trainiert werden muss, um physisch stark zu werden, muss auch unser Glaube trainiert werden, damit wir geistlich stark werden. Es wurde schon oft darüber gesprochen, dass zwar verschiedene Flüsse in das Tote Meer hineinfließen, aber nirgends Wasser hinausfließt. Deshalb hat sich der Mineralgehalt des Wassers im Lauf der Jahrhunderte so stark konzentriert, dass kein Leben darin möglich ist. Ohne jeglichen Abfluss ist es tatsächlich zu einem „toten" Meer geworden. Dasselbe gilt für uns. Wenn unser Glaube keinen Abfluss hat, weil wir ihn für uns behalten und nicht zulassen, dass er durch uns zu anderen fließt und sie bereichert, werden wir irgendwann sein wie das Tote Meer – ohne jedes Leben und geistlich tot.

Gott will Sie genau dort gebrauchen, wo Sie gerade sind. Wahrscheinlich kommen Sie jeden Tag mit Menschen in Kontakt, die nie in eine Kirche gehen, mit einem Pastor reden oder die Bibel aufschlagen.

Vielleicht sind Sie die Brücke, die Gott gebrauchen wird, um diese Leute zu seinem Sohn Jesus Christus zu führen. Jeder kann ein Diener sein, ganz gleich wie ungeeignet er oder sie sich dafür fühlen mag. Meine geschätzte Freundin, Dr. Irmhild Bärend, die langjährige Redakteurin unserer deutschen Zeitschrift „Entscheidung", wurde vor einigen Jahren gelähmt. Aber trotz ihrer schwierigen Situation lässt ihre Liebe zu Christus ihr Gesicht erstrahlen. Sie ist dankbar für jedes Zusammentreffen mit ihren Ärzten, Therapeuten und den Leuten vom Pflegedienst, denn sie ist der Meinung: „Wenn ich nicht in diesem Rollstuhl säße, hätte ich nicht das Vorrecht, ihnen von Jesus zu erzählen."

Stehen Sie fest

Ein junger Pflaumenbaum mit dunkelvioletten Blättern schien die perfekte Wahl zu sein. Die Farbe passte zu den anderen Pflanzen im Garten und meine Nachbarin glaubte, wenn er erst einmal ein wenig gewachsen sei, würde er der östlichen Ecke ihres Hauses, die bislang noch der prallen Sonne ausgesetzt war, Schatten spenden. Aber da hatte sie sich getäuscht. Fünf Jahre, nachdem sie ihn gepflanzt hatte, war der Baum verkümmert. Er war ganz offensichtlich krank. Abgesehen davon, dass er von Insekten und Braunfäule befallen war, neigte er sich bei jedem starken Wind so sehr, dass seine Äste den Boden berührten. Trotz all ihrer Bemühungen, ihn mit Pfählen abzustützen, konnte er den Elementen nicht standhalten. Als sie einem Freund ihr Leid klagte, untersuchte er den Baum und fand heraus, was das Problem war – er hatte nie Wurzeln geschlagen. Der Baum war so dicht neben einem Fallrohr gepflanzt worden, dass er über seinen ursprünglichen Wurzelballen hinaus nie neue Wurzeln bilden musste, um Wasser aufzunehmen. Deshalb war schon absehbar, dass er irgendwann vollends absterben würde.

Dieser Baum war das genaue Gegenteil des Ahornbäumchens, das sie im selben Frühling in einer anderen Ecke ihres Gartens gepflanzt hatte. Um wachsen und Wasser aufnehmen zu können, musste sich der wurzellose Setzling nach der Sonne ausstrecken und ein kräftiges Wurzelwerk entwickeln. Fünf Jahre später war er größer als der verkümmerte Pflaumenbaum und im Gegensatz zu diesem völlig gesund.

Das Leben eines Christen sollte aussehen wie der Lebenskreislauf dieses Ahornsetzlings. Nachdem unsere Wurzeln in die fruchtbare Erde der Wahrheit gepflanzt worden sind, sollten wir immer stärker werden, während wir Gottes Wort immer besser verstehen, immer näher an den Heiligen Geist heranrücken, uns jeden Tag im Gebet mit Gott unterhalten und mit unseren Brüdern und Schwestern in Christus Gemeinschaft haben. Wenn wir von der Quelle des Lebens trinken und Christus dienen, werden unsere Wurzeln immer tiefer gehen. Nur mit tief gründenden Wurzeln können wir letztlich die Stürme des Lebens überstehen und die nächste Generation darauf vorbereiten, in unsere Fußstapfen zu treten.

Mit reifem Glauben auf das Ziel zu

Die Stärkung unserer geistlichen Wurzeln beginnt mit Gottes Wort. Mir haben schon viele gesagt, dass sie in jungen Jahren zu beschäftigt waren, um die Bibel zu lesen und Verse auswendig zu lernen. Aber bevor sie es sich versahen, waren sie alt und konnten sich keine Bibelverse mehr merken, weil ihr Gedächtnis sie im Stich ließ. Doch zum Glück ist das nicht bei allen Menschen der Fall, denn viele Menschen meiner Generation haben immer noch ein gutes Gedächtnis.

Ein sehr geschätzter Freund von mir, Robert Morgan, schrieb kürzlich ein kleines Buch über das Auswendiglernen von Bibelversen. Darin heißt es: „Unser Sinn ist eine Schatzkammer, die eigens dafür erschaffen wurde, uns als Aufbewahrungsort für den Samen von Gottes Wort zu dienen." Er erzählt darin auch die Geschichte von einer 89-jährigen Frau aus seiner Gemeinde, die eines Tages zu ihm sagte: „Oh, Pastor Morgan, ich bin so froh, dass Sie uns [Bibel-]Verse auswendig lernen lassen. Ich habe bereits damit angefangen. Das hilft mir dabei, meinen Sinn frisch und jung zu halten!"[2]

Ich musste lächeln, als ich las, dass sie ihren Sinn frisch und jung halten wollte, denn offensichtlich hatte sie nie zugelassen, dass er alt wurde. Es gibt nichts Besseres, mit dem wir unseren Sinn und unser Herz füllen können, als die Schätze aus Gottes Wort.

Im Leben von Simeon und Hanna, die der Weihe des Kindes Jesus im Tempel beiwohnten (siehe Lukas 2,27), sehen wir, was es bewirkt, wenn wir Gottes Wort im Gedächtnis behalten. Weil sie die Prophetien aus dem Alten Testament kannten und daran glaubten, dass in Israel ein Retter geboren würde, offenbarte der Heilige Geist ihnen in ihrem hohen Alter, dass das Kind Jesus dieser Retter war.

Simeon, ein alter Mann, der nicht sterben wollte, bevor er wusste, dass der Retter in die Welt gekommen war, nahm Jesus in seine Arme, segnete ihn und sagte: „Herr, nun kann ich in Frieden sterben! Wie du es mir versprochen hast, habe ich den Retter gesehen, den du allen Menschen geschenkt hast" (Lukas 2,29-31).

Hanna war Witwe und mittlerweile 84 Jahre alt. Von ihr heißt es, sie „... verließ den Tempel nie mehr, sondern diente Gott dort Tag und Nacht mit Fasten und Beten. ... Allen, die auf die verheißene Erlösung Israels warteten, erzählte sie von Jesus" (Lukas 2, 37-38).

In der Geschichte von Simeon und Hanna sehen wir, wie Gottes Gaben – sein Wort, der Heilige Geist, das Gebet, die Gemeinschaft und der Dienst am anderen – zusammenwirkten und dadurch zu einem bemerkenswerten Segen wurden. Und alles begann damit, dass ihr Sinn und ihr Herz von Gottes Wort erfüllt waren.

Es bewegt mich immer sehr, wenn ich in der Bibel vom Glauben der Älteren lese. Nähren Sie Ihre Wurzeln mit den Wahrheiten aus Gottes Wort? Wir mögen irgendwann aufhören zu arbeiten, aber wir sollten nie aufhören, uns mit den reichen Gaben Gottes zu füllen, die uns Hoffnung und Zufriedenheit schenken.

Damals und heute

Denn wir wissen: Wenn dieses irdische Zelt, in dem wir leben, einmal abgerissen wird – wenn wir sterben und diesen Körper verlassen –, werden wir ein ewiges Haus im Himmel haben, einen neuen Körper, der von Gott kommt und nicht von Menschen.
2. Korinther 5,1

Das letzte Kapitel im Leben kann das beste sein.
Vance Havner

Wir wissen nie, in welcher Phase oder welchem Alter das letzte Kapitel unseres Lebens begonnen hat. Manche überleben nicht einmal ihre Geburt. Andere sterben in ihrer Jugend. Viele werden in ihren besten Jahren aus dem Leben gerissen.

Ich hätte nie geglaubt, dass ich meine liebe Frau Ruth, mit der ich 63 Jahre verheiratet war, überleben würde. Sie ließ dieses unsichere Leben hinter sich und ging an den Ort, der ihr verheißen worden war – sie trat in die Herrlichkeit des Himmels ein und sah das Angesicht ihres geliebten Herrn, für den sie gelebt und dem sie stets gedient hatte. Es war einer der traurigsten Momente meines Lebens, als Ruth mir in den Tod vorausging. Ich sah zu, wie sie ihre Schmerzen mit Würde, mit beherztem Humor und einem sanften Geist ertrug, bereit, zu unserem Herrn zu gehen. Sie lehrte mich so viel über das letzte Kapitel des Lebens. Zu wissen, wo und bei wem sie jetzt ist und die Tatsache, dass ich dort bald wieder mit ihr vereint sein werde, ist mir ein enormer Trost.

Als ich 2005 auf meiner letzten Evangelisation im New Yorker *Flushing Meadows Park* predigte, hätte ich mir sicher nicht träumen lassen, dass Ruth nur zwei Jahre später nicht mehr da sein würde. Aufgrund meiner angegriffenen Gesundheit glaubte ich viel eher, dass ich es sei, der nicht mehr viele Jahre zu leben hatte. Trotz der Tatsache, dass wir aufgrund meines prall gefüllten Terminkalenders über sechs Jahrzehnte hinweg häufig lange Zeit voneinander getrennt waren, war es mir nie in den Sinn gekommen, dass ich einmal ohne Ruth würde leben müssen. Unsere ganze Ehe hindurch waren wir nie weiter voneinander entfernt gewesen als vom nächsten Telefon, und ich freute mich immer, ihre Stimme zu hören. Ohne sie in unserem Haus in *Little Piney Cove* zu leben wäre mehr, als ich ertragen könnte, hätte sie dort nicht so viel von sich zurückgelassen.

Vor über 50 Jahren überwachte sie den Bau unseres Blockhauses, und bis zum heutigen Tag ist ihre Anwesenheit in jedem Raum spürbar. In den letzten vier Jahren habe ich sie schmerzlich vermisst, aber in dieser Zeit habe ich auch einiges gelernt, was ich sonst nicht gelernt hätte, und vieles davon – sogar noch in ihrer Abwesenheit – von Ruth. Ich fand beispielsweise ein Gedicht, das die tiefsten Empfindungen ihrer Seele und ihre reizende Persönlichkeit widerspiegelt. Ich muss heute noch lächeln, wenn ich es lese.

Dies alte Haus ist nun leer,
ich bin fast ganz allein,
die Bäume am Hügel bilden ein Meer,
gerade als wollten sie bei mir sein.[1]

Das beschrieb ihre Gedanken, nachdem die Kinder aus dem Haus waren. Heute nennt man das „Leeres-Nest-Syndrom". Ruth benannte es einfach nach dem, was es war: Damals und heute. Ich sah zu, wie sie mit Würde und Anmut von einem Abschnitt des Lebens in den nächsten eintrat.

Gott hat solche Übergänge für uns vorgesehen, und er schenkt uns die Gnade, alles anzunehmen, was dann an Neuem auf uns zukommt. Als Jesus sich darauf vorbereitete, diese Erde zu verlassen und in die Herrlichkeit zurückzukehren, sagte er zu seinen geliebten Jüngern: „Ich gehe fort ... Wenn ihr mich wirklich lieb habt, freut ihr euch für mich, weil ich jetzt zum Vater gehen darf ..." (Johannes 14,28). „Ich bin der Weg, die Wahrheit und das Leben. Niemand kommt zum Vater außer durch mich" (Johannes 14,6). Und er erteilte ihnen einige Anweisungen: „... weide meine Schafe" (Johannes 21,17), „Folge mir nach" (Johannes 21,19) und „... ihr werdet meine Zeugen sein ..." (Apostelgeschichte 1,8). Er ließ seine Jünger nicht einfach im Stich. Jesus sagte ihnen, was sie für sein Reich tun mussten, damit die Gemeinde nicht leiden würde und die Jünger selbst auf das Werk Jesu konzentriert blieben, auch nachdem er zum Vater zurückgekehrt war. Wie wunderbar, dass er die Welt nicht ohne seine Gegenwart zurückließ, sondern uns seinen Heiligen Geist als unseren ständigen Begleiter sandte!

Auch wenn ich mich nie daran gewöhnen werde, ohne Ruth zu leben, wäre sie die Erste, die mich schelten würde, wenn ich nicht nach Gottes Plan für das Hier und Jetzt suchte. Das war ihr Steckenpferd. Es wäre ein Leichtes für mich, einfach dazusitzen und mich an all das zurückzuerinnern, was mein Dienst in der Öffentlichkeit in all den Jahren bewirkt hat. Ich bin dankbar, denn ich weiß, dass „… durch seine Hände Wunderwerke geschehen sind" (siehe Markus 6,2). Aber ich weiß auch, dass Gott mit allem ein Ziel verfolgt, und dass er uns in das hineinführen wird, was immer er für uns geplant hat, wenn wir mit unserem Herzen, unserem Sinn und unseren Augen aufmerksam warten und wachen.

Während der vielen Jahre, in denen ich von Küste zu Küste und von Land zu Land reiste, hatte ich selten Zeit fernzusehen. Das war damals. Jetzt lässt mein Sehvermögen nach, was das Fernsehen für mich schwierig macht. In die Gemeinde zu gehen ist leider auch nicht gerade einfach. Deshalb bin ich dankbar für all diejenigen, die das Wort Gottes so treu im Radio predigen – so kann ich auf diese Weise wenigstens eine gute Predigt über ein Thema aus der Bibel hören. Jesus gebraucht diese Menschen, um uns älteren Geschwistern zu dienen, die nicht mehr in der Lage sind, einen Gottesdienst zu besuchen, und das ist auch für mich ein Segen.

Irgendwann begann ich, mir regelmäßig eine Sendung aus *Spartanburg, South Carolina* anzuhören. Dr. Don Wilton, der Hauptpastor der dortigen Baptistengemeinde, sprach mit seinen Botschaften direkt in mein Herz hinein, und schließlich freute ich mich immer schon auf die nächste Sendung am kommenden

Sonntag. Einige Monate später rief ich ihn an, um ihm für seinen Dienst zu danken, und lud ihn bei dieser Gelegenheit zu mir nach Hause ein. Wir verbrachten einige wunderbare Stunden miteinander.

Seit dieser Zeit kommt er netterweise jede Woche die knapp 150 Kilometer von *Spartanburg* hierhergefahren, um mich zu besuchen. Dann essen wir zusammen zu Mittag und diskutieren über alle möglichen Themen, von der Familie bis hin zu den Ereignissen auf der Welt. Aber der bedeutungsvollste Teil unserer Treffen ist die Zeit, in der wir gemeinsam in der Bibel lesen und beten. Oft erzählt er mir von seinen Ideen für eine Predigt, an der er gerade arbeitet, und fragt mich voller Begeisterung nach meiner Meinung dazu. Auch ich bitte ihn hin und wieder, mir seine Gedanken über verschiedene Abschnitte mitzuteilen, wenn ich Stellungnahmen oder kurze Ansprachen vorbereite.

Ich empfinde es als ein großes Vorrecht, mit einem so großartigen Bibellehrer Zeit verbringen zu können und zu spüren, dass wir dasselbe Ziel haben: Zu sehen, dass andere Menschen zu Christus kommen. Das ist die Aufgabe, die Gott allen Menschen aus seinem Volk zugedacht hat – jetzt.

Leben Sie nicht ohne Hoffnung

Wir wurden nicht allein für diese Welt geschaffen. Wir wurden für den Himmel geschaffen, unser letztendliches Zuhause. Der Himmel ist unsere

Bestimmung und unsere freudige Hoffnung. Aber diese Ansicht teilt nicht jeder.

„Natürlich können Sie Ihre eigene Meinung haben", schrieb mir kürzlich ein junger Mann, „aber was mich betrifft, glaube ich, wenn man erst einmal tot ist, war es das. Wenn wir sterben, sind wir nicht anders als ein Tier, das tot am Straßenrand liegt. Das einzige Leben, das wir je haben werden, ist das, welches wir jetzt gerade leben. Das Leben nach dem Tod ist lediglich ein Mythos."

Meine Antwort auf diesen Brief kam vom Grund meines Herzens. „Ihr Brief hat mich sehr traurig gemacht", schrieb ich ihm, „weil er mir gezeigt hat, dass Sie ohne Hoffnung leben – ohne Hoffnung für dieses Leben und ohne Hoffnung auf unser zukünftiges Leben. Haben Sie je aufrichtig darüber nachgedacht, wie leer und bedeutungslos Ihr Leben dadurch wird?" Dann beschwor ich ihn regelrecht, sich Jesus Christus zuzuwenden und sein Leben in seine Hände zu legen, denn nur er allein kann uns Hoffnung für die Zukunft geben. Denn wie würde unser Leben aussehen, wenn wir über das Grab hinaus keine Hoffnung hätten?

Der Tod ist eine Realität, aber der Tod war kein Teil von Gottes ursprünglichem Plan. Als Gott Adam und Eva erschuf, gab er ihnen einen Körper ebenso wie jedem anderen Geschöpf auf der Erde. Aber eines unterschied sie von den anderen Geschöpfen: Gott gab ihnen nicht nur einen Körper, sondern auch eine Seele, einen Geist, nach seinem Bild. Das tat er, damit sie ihn erkennen und seine Freunde sein konnten, und so sollten sie ewig leben. Gott kann nicht sterben, und da sie nach seinem Bild erschaffen wurden, sollten auch sie nicht sterben.

Aber dann kam etwas Schreckliches dazwischen, und dieses Etwas war die Sünde. Die Sünde hat die gesamte Menschheit befallen wie ein tödlicher geistlicher Krebs, und eines Tages werden Sie und ich sterben. Das kann schon bald sein oder noch in weiter Ferne liegen, aber eines Tages wird Ihr Leben zu Ende sein. Zu einem bestimmten Zeitpunkt in der Zukunft wird der Körper, in dem Sie Ihr ganzes Leben gelebt haben, seinen Dienst versagen und anfangen zu verfallen, und dann werden sich die Worte, die zu Adam gesprochen wurden, auch für Sie bewahrheiten: „… Denn du bist aus Staub und wirst wieder zu Staub werden" (1. Mose 3,19). Es ist kein Wunder, dass der Tod in der Bibel als unser „letzter Feind" bezeichnet wird (siehe 1. Korinther 15,26).

Aber ist das wirklich das Ende? Hatte der junge Mann recht, als er behauptete, das Leben nach dem Tod sei nur ein Mythos? Nein, absolut nicht. In der Bibel wird das folgendermaßen erklärt: Auch wenn unser Körper stirbt, werden unsere Seele und unser Geist weiterleben. Dies wird entweder im Himmel bei Gott sein oder an dem Ort, der in der Bibel als Hölle bezeichnet wird – in endloser Einsamkeit und Verzweiflung, völlig und für immer von Gott und seinen Segnungen getrennt. Jesus warnte uns: „Habt keine Angst vor denen, die euch umbringen wollen. Sie können nur euren Körper töten; eure Seele ist für sie unerreichbar. Fürchtet allein Gott, der Leib und Seele in der Hölle vernichten kann" (Matthäus 10,28).

Das jetzige Leben ist nicht das Ende

Aber wie können wir wissen, dass dieses Leben nicht das Ende ist? Wie können wir sicher sein, dass der Himmel nicht nur ein Produkt unseres Wunschdenkens ist? Gott hat uns die Realität des Himmels auf verschiedene Weise offenbart. Jeder von uns trägt beispielsweise das Gefühl oder die Empfindung in sich, dass der Tod nicht das Ende sein kann, dass es auch über das Grab hinaus noch etwas geben muss. Auch wenn wir diese innere Sehnsucht verleugnen oder ignorieren, bleibt sie bestehen – und das ist bei uns allen so. Aber woher stammt diese Sehnsucht?

In der Bibel heißt es, sie kommt von Gott: „Gott hat … die Ewigkeit in die Herzen der Menschen gelegt" (Prediger 3,11). Manche verweisen auf die Erfahrungsberichte von Menschen, die behaupten, ihnen sei ein kurzer Blick auf den Himmel gewährt worden. Oft spielte sich dieses Erlebnis zu einem Zeitpunkt ab, in dem sie dem Tod sehr nahe waren. Auch wenn man solche Berichte mit Vorsicht genießen sollte, habe ich keinen Zweifel daran, dass so etwas gelegentlich passiert. Auch meine Großmutter hatte eine Vision von Jesus, der sie im Himmel willkommen hieß, als sie im Sterben lag.

Der letztendliche Beweis für die Realität des Himmels kommt jedoch von Jesus Christus. Er sagte seinen Jüngern wiederholt, dass der Himmel existiert und dass sie eines Tages dort hingehen würden. Zu Lazarus' Schwestern sagte er: „Ich bin die Auferstehung und das Leben. Wer an mich glaubt, wird leben, auch wenn er stirbt. Er wird ewig leben, weil er an mich geglaubt hat, und niemals sterben" (Johannes 11,25-26).

Seinen Jüngern versprach er: „Es gibt viele Wohnungen im Haus meines Vaters, und ich gehe voraus, um euch einen Platz vorzubereiten. Wenn es nicht so wäre, hätte ich es euch dann so gesagt? Wenn dann alles bereit ist, werde ich kommen und euch holen, damit ihr immer bei mir seid, dort, wo ich bin" (Johannes 14,2-3).

Und der wohl bekannteste Vers aus der Bibel unterstreicht das noch: „Denn Gott hat die Welt so sehr geliebt, dass er seinen einzigen Sohn hingab, damit jeder, der an ihn glaubt, nicht verloren geht, sondern das ewige Leben hat" (Johannes 3,16).

Wie können wir nun ohne den Schatten eines Zweifels wissen, dass es ein Leben nach dem Tod gibt? Die einzige Möglichkeit dafür wäre, dass jemand stirbt und dann ins Leben zurückkehrt und uns erzählt, was uns nach dem Grab erwartet. Und genau das ist es, was passierte, als Jesus Christus von den Toten auferstand. Kein anderes Ereignis in der ganzen Geschichte war derart einzigartig und aufsehenerregend, und aufgrund dieses Ereignisses wissen wir, dass der Tod nicht das Ende ist und wir uns des ewigen Lebens sicher sein können. In der Bibel heißt es: „Denn der Lohn der Sünde ist der Tod; das unverdiente Geschenk Gottes dagegen ist das ewige Leben durch Christus Jesus, unseren Herrn" (Römer 6,23).

Mehr als alles andere jedoch sagen uns der Tod und die Auferstehung Jesu, dass die Sünde und der Tod für immer besiegt wurden. Wir brauchen das Grab nicht zu fürchten, weil Jesus Christus uns durch seinen Tod und seine Auferstehung die Tür des Himmels geöffnet hat.

In der Bibel lesen wir: „Gelobt sei der Gott und Vater unseres Herrn Jesus Christus, denn er hat uns in seiner großen Barmherzigkeit das Vorrecht geschenkt, wiedergeboren zu werden. Jetzt haben wir eine lebendige Hoffnung, weil Jesus Christus von den Toten auferstanden ist. Denn Gott hat für seine Kinder ein unvergängliches Erbe, das rein und unversehrt im Himmel für euch aufbewahrt wird" (1. Petrus 1,3-4).

Diese Worte, die der Apostel Petrus kurz vor seinem Lebensende schrieb, sind Gottes Verheißung für Sie und alle anderen, die ihren Glauben und ihr Vertrauen auf Jesus Christus als ihren Herrn und Retter setzen. Ja, den Himmel gibt es wirklich!

Wie ist es im Himmel?

Ich glaube nicht, dass ich je einen Menschen, oder zumindest einen Christen, getroffen habe, der nicht wissen wollte, wie es im Himmel ist – einschließlich meiner Person! Das ist jedoch nicht nur pure Neugier, als würden wir uns fragen, wie es an einem bestimmten Ort in der Welt aussieht, an dem wir noch nie gewesen sind. Es ist viel mehr als das, denn schließlich ist der Himmel der Ort, der unser endgültiges Zuhause ist und an dem wir die Ewigkeit verbringen werden. Wie sollten wir da nicht wissen wollen, wie es dort ist?

Zugegebenermaßen werden in der Bibel nicht all unsere Fragen über den Himmel beantwortet. Aber wie mir klar wurde, ist das unter anderem deshalb der Fall, weil der Himmel so viel großartiger ist als alles, was wir uns mit unserem begrenzten Verstand jemals vorstellen könnten. Auch wenn Gott uns auf all unsere Fragen über den Himmel eine Antwort geben würde, wären wir nicht in der Lage, sie zu verstehen. In der Bibel heißt es dazu:

Kein Auge hat je gesehen,
kein Ohr je gehört und kein Verstand je erdacht,
was Gott für diejenigen bereithält, die ihn lieben.
1. Korinther 2,9

Erst wenn wir im Himmel sind, werden wir in der Lage sein, dieses Wunder und die grenzenlose Herrlichkeit und Freude, die dort herrschen, in ihrem ganzen Ausmaß zu begreifen. In der Bibel heißt es, wir werden „Teilhaber der Herrlichkeit, die offenbart werden soll" (1. Petrus 5,1; ELB).

Aber auch wenn wir in der Bibel nicht auf alles, was wir über den Himmel wissen wollen, eine Antwort finden, erfahren wir alles, was wir wissen müssen. Und ausnahmslos jede Information, die wir über den Himmel bekommen, sollte den Wunsch in uns wecken, dort hinzugehen! (Und gleichermaßen sollte ausnahmslos jede Information, die wir über die Hölle bekommen, den Wunsch in uns wecken, nicht dort hinzugehen.) Aber wie ist es denn nun im Himmel? In der Bibel finden wir mindestens fünf bedeutende Wahrheiten, die uns darüber Aufschluss geben.

Der Himmel ist herrlich

Manchmal bezeichnen wir einen schönen Sonnenuntergang oder einen warmen Frühlingstag als „herrlich", aber selbst die Ehrfurcht gebietendsten Naturerscheinungen hier auf der Erde sind nur ein Schatten der Herrlichkeit des Himmels. Als dem Apostel Johannes ein kurzer Blick auf die Erhabenheit des Himmels gewährt wurde, fand er kaum Worte, um sie zu beschreiben. So verglich er sie mit den wunderbarsten Gegenständen auf der Erde und sagte, dass deren Schönheit von der Herrlichkeit des Himmels noch um ein Vielfaches übertroffen würde: „Sie war ganz von der Herrlichkeit Gottes erfüllt und funkelte wie ein kostbarer Edelstein, kristallklar wie Jaspis. ... Und die Hauptstraße war reines Gold, so klar wie Glas. Und die Stadt braucht keine Sonne und keinen Mond, damit es in ihr hell wird, denn die Herrlichkeit Gottes erleuchtet die Stadt, und das Lamm [Christus] ist ihr Licht" (Offenbarung 21,11 + 21,23).

Warum ist der Himmel herrlich? Der Grund dafür ist nicht nur seine unglaubliche Schönheit, die uns überwältigen wird. Der Himmel ist vor allem deshalb herrlich, weil er der Wohnort Gottes ist. „Ich hörte eine laute Stimme vom Thron her rufen: ‚Siehe, die Wohnung Gottes ist nun bei den Menschen! Er wird bei ihnen wohnen und sie werden sein Volk sein und Gott selbst wird bei ihnen sein.' ... Und sie werden sein Gesicht sehen, und sein Name wird auf ihren Stirnen geschrieben stehen" (Offenbarung 21,3 + 22,4). Stellen Sie sich das einmal vor: Wenn Sie Jesus

Christus kennen, werden Sie eines Tages sicher und bis in alle Ewigkeit in Gottes Gegenwart sein! Ich kann mir kaum ausmalen, wie das sein wird – aber es wird herrlicher sein, als es sich je mit Worten beschreiben ließe.

Der Himmel ist vollkommen

Der Himmel ist nicht nur herrlich, sondern auch vollkommen. Das sollte uns nicht überraschen, denn weil Gott vollkommen ist, ist auch der Himmel, sein Wohnort, vollkommen.

Warum aber ist das wichtig? Weil es uns daran erinnert, dass es im Himmel nichts gibt, das unvollkommen ist. In der Bibel lesen wir: „Eines Tages aber wird das sichtbar werden, was vollkommen ist. Dann wird alles Unvollkommene ein Ende haben" (1. Korinther 13,10; NGÜ). Denken Sie nur an all die Sünden und Übel, die uns jetzt zusetzen: Krankheit, Tod, Einsamkeit, Furcht, Kummer, Versuchung, Enttäuschung, Gebrechen, Abhängigkeit, Krieg, Streit, Zorn, Eifersucht, Gier – die Liste ist fast endlos. Aber im Himmel wird all das ein Ende haben!

Jedes Übel und jede Sünde werden zerstört werden, jeder Zweifel und jede Furcht werden weggenommen werden, jede Verletzung und jeder Schmerz wird geheilt werden. Eine der größten Verheißungen, die wir in der Bibel über den Himmel finden, lautet: „Er wird alle ihre Tränen abwischen, und es wird keinen Tod und keine Trauer und kein Weinen und keinen Schmerz mehr geben. Denn die erste Welt mit ihrem ganzen Unheil ist für immer vergangen. ... Nichts Unreines wird hineindürfen ..." (Offenbarung 21,4.27).

Damit erfahren wir eine letzte Wahrheit über die Vollkommenheit des Himmels: Im Himmel werden wir vollkommen sein, und eines Tages wird die ganze Schöpfung vollkommen sein. Die Sünde wird keine Macht mehr haben, denn die Sünde und der Teufel werden für immer gebunden sein und wir werden sein wie Christus. Aber damit nicht genug, denn gemäß Gottes Zeitplan werden wir einen neuen Körper bekommen – einen vollkommenen Körper, wie Jesus ihn nach seiner Auferstehung bekam, frei von jeder Begrenzung und der Zerbrechlichkeit unseres jetzigen Körpers.

In der Bibel heißt es: „Meine lieben Freunde, wir sind schon jetzt die Kinder Gottes, und wie wir sein werden, wenn Christus wiederkommt, das können wir uns nicht einmal vorstellen. Aber wir wissen, dass wir bei seiner Wiederkehr sein werden wie er, denn wir werden ihn sehen, wie er wirklich ist" (1. Johannes 3,2).

Das gilt nicht nur für uns, sondern für die gesamte Schöpfung. Die Sünde hat alles beeinflusst – nicht nur uns, sondern die ganze Welt. Nehmen Sie die Sünde nie auf die leichte Schulter, denn schließlich wirkt sich ihre zerstörerische Kraft auf jedes Geschöpf und jedes Objekt im ganzen Universum aus. Das ist ein niederschmetternder Gedanke. Aber zum Glück endet die Geschichte nicht an diesem Punkt, denn, eines Tages wird es mit der ganzen Schöpfung ein Ende haben und alle werden „von Tod und Vergänglichkeit befreit zur herrlichen Freiheit der Kinder Gottes" (siehe Römer 8,21). Ich frage mich, ob eine der Aufgaben, die Gott uns im Himmel geben wird, darin besteht, die grenzenlosen Schätze, die Teil seiner neuen Schöpfung sein werden, zu erforschen.

Aber wann wird das alles geschehen? Wann wird Jesus wiederkommen? Hier gehen die Meinungen der Bibelgelehrten auseinander, aber eine Tatsache bleibt bestehen: Eines Tages wird Jesus wiederkommen, um alle Mächte der Sünde und des Bösen zu zerstören und seine oberste Autorität über die ganze Schöpfung zu begründen. Jesus selbst warnte uns davor, den genauen Zeitpunkt seiner Wiederkehr herausfinden zu wollen: „Niemand kennt jedoch den Tag oder die Stunde, zu der all diese Dinge geschehen werden, nicht einmal die Engel im Himmel oder der Sohn selbst. Nur der Vater weiß es" (Markus 13,32). Zu dem von Gott bestimmten Zeitpunkt wird die gegenwärtige Weltordnung ein Ende haben und Christus wird wiederkehren, um in Kraft und Herrlichkeit und Gerechtigkeit zu herrschen.

„Wir aber erwarten den neuen Himmel und die neue Erde, die er versprochen hat. Dort wird Gottes Gerechtigkeit herrschen" (2. Petrus 3,13).

Die Tatsache, dass Jesus wiederkommen wird, sollte uns mit Hoffnung, Freude und Erwartung erfüllen. Aber sie sollte uns auch an eine andere Wahrheit erinnern: Denn wenn Christus wiederkommt, wird er in vollkommener Gerechtigkeit über die Welt richten. An diesem Tag, heißt es in der Bibel, werden diejenigen, die gegen Gott rebelliert und sein Angebot der Erlösung in Christus abgelehnt haben, „der ewigen Verdammnis übergeben werden, den Gerechten aber wird das ewige Leben geschenkt" (Matthäus 25,46).

Das sind ernüchternde Worte, und wenn Sie sich noch nicht von der Sünde abgewendet und Jesus Christus Ihr Herz und Ihr Leben geöffnet haben, bete ich, dass Sie es jetzt tun werden, bevor es zu spät ist. Setzen Sie Ihr ewiges Leben nicht aufs Spiel!

Der Himmel ist voller Freude

Der Himmel wird nicht nur herrlich und vollkommen sein, sondern auch voller Freude. Wie könnte es auch anders sein? Seine Herrlichkeit und seine Vollkommenheit allein würden schon ausreichen, um uns mit unvorstellbarer Freude zu erfüllen. Aber im Himmel wird auch aus anderen Gründen pure Freude herrschen.

König David sagte zu diesem Thema: „Du wirst mir den Weg zum Leben zeigen und mir die Freude deiner Gegenwart schenken. Aus deiner Hand kommt mir ewiges Glück" (Psalm 16,11).

Der Himmel wird ein Ort der freudigen Wiedervereinigung mit all denjenigen sein, die vor uns dort eingetroffen sind. Ich werde oft gefragt, ob wir einander im Himmel wiedererkennen werden, und meine Antwort ist immer ein überzeugtes Ja! Ich weiß, dass ich eines Tages in der nahen Zukunft mit all denjenigen aus meiner Familie wieder vereint sein werde, die bereits im Himmel sind – vor allem mit meiner lieben Frau Ruth.

Auch König David verlieh seiner Hoffnung darauf Ausdruck. Nach dem Tod seines Sohnes, der damals noch ein Kleinkind war, erklärte er: „Kann ich es damit wieder zurückholen? Eines Tages werde ich zu ihm gehen ..." (2. Samuel 12,23). Und als Jesus umgestaltet wurde und seine weltliche Erscheinung seiner himmlischen Herrlichkeit wich, erschienen Mose und Elia vom Himmel, die auch als solche zu erkennen waren (Matthäus 17,1-3).

In der Bibel lesen wir außerdem, dass wir im Himmel keine isolierten, voneinander abgetrennten Geister sein werden, die ziellos durch die Wolken schweben, wie es in Cartoons manchmal dargestellt wird. Stattdessen werden wir alle im Himmel wieder miteinander vereint sein: „Und mit ihnen zusammen werden auch wir Übrigen, die noch auf der Erde leben, auf den Wolken hinaufgehoben werden in die Luft, um dem Herrn zu begegnen und in Ewigkeit bei ihm zu bleiben" (1. Thessalonicher 4,17).

Vielleicht lässt Sie aber gerade diese Aussicht zurückschrecken, weil Sie sich nicht unbedingt darauf freuen, jemanden wiederzutreffen, der Sie verletzt hat oder den Sie verletzt haben. Aber machen Sie sich darüber keine Sorgen. Im Himmel werden diese Menschen vollkommen sein – genauso wie Sie!

Darüber hinaus ist der Himmel auch deshalb voller Freude, weil wir dort auf alle unsere Fragen eine Antwort erhalten werden. So stand bestimmt jeder von uns schon einmal am Grab eines geliebten Menschen oder musste zusehen, wie das Böse allem Anschein nach die Oberhand gewann, und musste sich fragen: „Warum, Gott? Warum hast du das zugelassen? Wo bist du? Das ergibt alles keinen Sinn." Aber eines Tages werden sich all diese Fragen klären, all unsere Zweifel werden sich auflösen und wir werden verstehen.

Paulus drückte das folgendermaßen aus: „Jetzt sehen wir die Dinge noch unvollkommen, wie in einem trüben Spiegel, dann aber werden wir alles in völliger Klarheit erkennen. Alles, was ich jetzt weiß, ist unvollständig; dann aber werde ich alles erkennen, so wie Gott mich jetzt schon kennt" (1. Korinther 13,12). Dann werden wir in der Lage sein, auf unser Leben zurückzublicken und uns über die Güte und die Gnade, die Gott uns darin zuteilwerden ließ, freuen.

Ja, zu alledem werden wir uns freuen, weil dort endlich unsere ganze Last von uns genommen wird – für alle Zeit. In einer der schönsten und bildhaftesten Beschreibungen des Himmels in der Bibel wird er als ein Ort der Ruhe bezeichnet: „Gesegnet sind die, die von nun an im Herrn sterben. ... sie sollen von all ihren Mühen ausruhen ..." (Offenbarung 14,13).

Und schließlich finden wir in der Bibel noch eine letzte Wahrheit über die Freude des Himmels: Unsere Erfahrung des Himmels wird sich in freudigem Lobpreis ausdrücken. Der Verfasser des Hebräerbriefes schrieb dazu: „... ihr seid zum Berg Zion gekommen, zur Stadt des lebendigen Gottes, dem himmlischen Jerusalem, wo Tausende von Engeln sich zu einem Fest versammelt haben. Ihr seid zur Gemeinde der erstgeborenen Kinder Gottes gekommen, deren Namen im Himmel aufgeschrieben sind" (Hebräer 12,22-23).

Auf dieser Erde ist unser Lobpreis unvollkommen, unvollständig und oberflächlich – manchmal vielleicht sogar stumpfsinnig und langweilig. Natürlich sollte das nicht so sein. Aber im Himmel wird unser Lobpreis vollkommen sein, weil wir dort unserem Retter von

Angesicht zu Angesicht gegenüberstehen. Obwohl das oft übersehen wird, ist der Lobpreis des Himmels eines der zentralen Themen des Buchs der Offenbarung:

Und dann hörte ich, wie alle Geschöpfe ... sangen:
„Lob und Ehre und Herrlichkeit und Macht stehen
dem zu, der auf dem Thron sitzt,
und dem Lamm für immer und ewig."
Offenbarung 5,13

Der Himmel ist aktiv

„Um ehrlich zu sein, bin ich mir nicht sicher, ob ich wirklich in den Himmel möchte", schrieb mir vor nicht allzu langer Zeit jemand in einer E-Mail. „Es hört sich so langweilig an, den ganzen Tag auf einer Wolke herumzusitzen und nichts zu tun." Das ist eine grobe Fehleinschätzung des Himmels. Entgegen der weitverbreiteten Vorstellung werden wir dort nicht auf Wolken sitzen und Harfe spielen. Stattdessen heißt es in der Bibel, dass wir sehr beschäftigt sein werden.

Gott wird etwas für uns zu tun haben! „Der Thron Gottes und des Lammes wird in der Stadt stehen und seine Knechte werden ihm dienen" (Offenbarung 22,3; EÜ). Der Unterschied jedoch ist, dass wir in diesem Leben irgendwann müde und erschöpft sind – im Himmel aber werden wir niemals ermüden, weil wir unbegrenzte Energie haben, Christus zu dienen.

Und was genau werden wir tun? Das wird in der Bibel nicht konkret erwähnt, aber selbst wenn das der Fall wäre, würden wir es wahrscheinlich nicht verstehen.

Wir erfahren jedoch, dass Gott uns das Vorrecht gewährt, an der Herrschaft Christi über alle Schöpfung teilzuhaben: „... und sie werden für immer und ewig [mit ihm] herrschen" (Offenbarung 22,5). Wir werden uns im Himmel also definitiv nicht langweilen!

Der langjährige Lobpreisleiter auf unseren Evangelisationen, Cliff Barrows, sagte einmal im Scherz zu mir, dass ich im Himmel wohl arbeitslos sein werde, während er immer noch eine Aufgabe habe. Mit einem Augenzwinkern erklärte er mir, dass man im Himmel keinen Evangelisten mehr benötigen würde, während die himmlischen Chöre immer noch jemanden brauchten, der sie anleitet. Ich versicherte ihm, dass ich mir darüber keine Sorgen machte, weil ich zuversichtlich sei, dass Gott eine andere Aufgabe für mich finden würde.

Der Himmel ist unser sicheres Ziel

Der Himmel ist herrlich, der Himmel ist vollkommen, der Himmel ist voller Freude und der Himmel ist aktiv, aber wie können wir wissen – wirklich wissen –, dass er auch unser sicheres Ziel ist? Können wir wirklich darauf vertrauen, dass wir dort hingehen, wenn wir sterben, und dass er unser ewiges Zuhause sein wird? In der Bibel werden diese Fragen mit Ja beantwortet.

Es gibt nur eines, das Sie dem Himmel fernhalten kann, und das ist Ihre Sünde. Gott ist absolut rein und heilig, und sogar eine einzige Sünde würde ausreichen, um Sie für immer aus seiner Gegenwart zu verbannen. Aber durch seinen Tod am Kreuz und seine Auferstehung von den Toten hat Jesus Christus all unsere

Sünde ausgelöscht. In der Bibel heißt es: „… das Blut von Jesus, seinem Sohn, reinigt uns von jeder Schuld" (1. Johannes 1,7).

Solange Sie hinsichtlich Ihrer Errettung auf sich selbst vertrauen, auf Ihre Güte, Ihre religiösen Taten, Ihre Hoffnungen, werden Sie sich ihrer nie dauerhaft sicher sein können. Denn wie können Sie wissen, ob Sie gut genug oder religiös genug sind? Die Antwort lautet: Sie werden es nie wissen.

Aber Ihre Errettung hängt nicht davon ab, wie gut Sie sind. Wenn das der Fall wäre, könnten wir nie gerettet werden, denn nach Gottes Maßstab zählt nichts, das weniger ist als vollkommen. Wir können nie gut genug sein, denn „… wer alle Gesetze bis auf ein einziges befolgt, ist genauso schuldig wie einer, der alle Gesetze Gottes gebrochen hat" (Jakobus 2,10). Stattdessen hängt unsere Errettung einzig und allein von Jesus Christus ab, und von dem, was er bereits für uns getan hat. Wir müssen an ihn glauben und auf ihn vertrauen, nicht auf uns selbst.

Vertrauen Sie hinsichtlich Ihrer Errettung allein auf ihn? Wenn Sie das nicht tun oder wenn Sie sich nicht sicher sind, bitte ich Sie eindringlich, noch heute im Glauben umzukehren und sich Jesus Christus zuzuwenden. Bitten Sie ihn in einem einfachen Gebet, als Ihr Herr und Retter in Ihr Leben zu kommen. In der Bibel lesen wir: „Und dies hat Gott versichert: Er hat uns das ewige Leben geschenkt, und dieses Leben ist in seinem Sohn. Wer an den Sohn Gottes glaubt, hat das Leben; wer aber an den Sohn Gottes nicht glaubt, hat auch das Leben nicht" (1. Johannes 5,11-12).

Lassen Sie keinen weiteren Tag vergehen, an dem Sie nicht mit Christus leben. Zweifeln Sie Gottes Verheißung, dass Ihnen der Himmel sicher ist, nicht an, und zweifeln Sie nicht daran, dass Jesus Christus gestorben und auferstanden ist, um Sie zu retten. Und sollten Sie dennoch von Zweifeln geplagt werden – und der Teufel wird dafür sorgen, dass das passiert –, denken Sie stets daran: Wenn Sie Ihren Glauben und Ihr Vertrauen auf Christus gesetzt haben, gehören Sie jetzt ihm. Dann wurden Sie in seine Familie aufgenommen und sind jetzt sein geliebter Sohn oder seine geliebte Tochter.

Deshalb heißt es in der Bibel: „… nichts und niemand in der ganzen Schöpfung kann uns von der Liebe Gottes trennen, die in Christus Jesus, unserem Herrn, erschienen ist" (Römer 8,39). Sie sind jetzt ein Teil seiner Familie – für immer und ewig!

Unser letztes Zuhause

Mit großer Überzeugung kann ich sagen, dass es ein besonderes Vorrecht für mich ist, ein Evangelist zu sein. Es war immer meine größte Freude zu sehen, wie die Menschen auf der ganzen Welt auf die lebensverändernde Botschaft von Jesus Christus ansprechen. Aber für mich persönlich hatte dies auch seine Schattenseiten, weil ich so oft von zu Hause weg war, manchmal mehrere Monate am Stück. Aber ganz gleich wie kurz oder lang meine jeweilige Reise dauerte – wenn ich in Charlotte oder Asheville landete, wusste ich, dass ich nicht mehr weit von zu Hause entfernt war. Mein Zuhause war immer ein Ort der Ruhe und des Friedens für mich, ein Ort der Liebe, der Freude und der Geborgenheit.

Auf eine weitaus bedeutendere Weise ist auch der Himmel unser Zuhause – unser letztes Zuhause und unser letzter Aufenthaltsort, an dem wir für immer vollkommenen Frieden, Geborgenheit und Freude finden.

Paulus' Worte an die Christen in Korinth treffen auch auf uns zu: „… wir wissen, dass wir nicht daheim beim Herrn sind, solange wir noch in diesem Körper leben … und würden unseren jetzigen Körper gern verlassen, weil wir dann daheim beim Herrn wären" (2. Korinther 5,6.8). Der Himmel ist unsere Hoffnung, der Himmel ist unsere Zukunft und der Himmel ist unser Zuhause! Ich freue mich darauf, am Ende zu Hause zu sein, und ich bete, dass Sie das auch tun.

Wenn die Last des Lebens Sie niederdrückt oder der Druck, dem Sie ausgesetzt sind, fast unerträglich zu werden scheint, sollten Sie Ihr Herz Ihrem himmlischen Zuhause zuwenden, zum Beispiel mit Psalm 23: „Auch wenn ich durch das dunkle Tal des Todes gehe, fürchte ich mich nicht, denn du bist an meiner Seite. Dein Stecken und Stab schützen und trösten mich. … Deine Güte und Gnade begleiten mich alle Tage meines Lebens, und ich werde für immer im Hause des Herrn wohnen" (Psalm 23,4.6). Auf diese Weise kann unser himmlisches Zuhause uns schon hier und jetzt Trost und Zuversicht schenken.

Mit Zuversicht auf das Ziel zu

Dasselbe tat auch Christus. Bevor er diese Welt verließ, war sein Sinn darauf ausgerichtet, nach Hause zu gehen und uns mit sich zu nehmen. Dies wissen wir durch das, was er seinen Jüngern direkt sagte: „Ich kam vom Vater in die Welt, und ich werde die Welt verlassen und zum Vater zurückkehren" (Johannes 16,28), und: „… ich gehe voraus, um euch einen Platz vorzubereiten. … Wenn dann alles bereit ist, werde ich kommen und euch holen, damit ihr immer bei mir seid, dort, wo ich bin. Ihr wisst ja, wohin ich gehe und wie ihr dorthin kommen könnt" (Johannes 14,2-4).

Lieber Leser, kennen Sie den Weg? Jesus sagte uns: „Ich bin der Weg, die Wahrheit und das Leben. Niemand kommt zum Vater außer durch mich" (Johannes 14,6). Niemand ist je zu alt, um die Vergebung Christi anzunehmen. Wenn wir auf unsere Erfahrungen auf der Reise unseres Lebens zurückblicken, werden wir vielleicht manche Entscheidung, die wir getroffen haben, bedauern, aber bedenken Sie: Das war damals und heute befinden Sie sich in einer anderen Situation. Manche, die dieses Buch lesen, sagen jetzt vielleicht: „Aber ich habe Christus mein ganzes Leben lang abgelehnt, und jetzt ist es zu spät." Und ich antworte Ihnen, mein Freund – das war damals … und heute befinden Sie sich in einer anderen Situation. Die Verheißungen in der Bibel waren damals wahr, sie sind jetzt wahr und sie werden für immer wahr sein. „Gott ist bereit, euch gerade jetzt zu helfen. Heute ist der Tag der Erlösung" (2. Korinther 6,2).

All denjenigen, die das kostbarste aller Geschenke – die Erlösung durch Jesus Christus – angenommen haben, will ich sagen: Sie haben allen Grund, sich auf die Herrlichkeit des Himmels zu freuen, denn Sie werden einen absolut vollkommenen und neuen Körper bekommen, Sie werden voller Freude sein, Sie werden wieder aktiv sein und das Beste ist, Sie können sich schon jetzt sicher sein, dass Sie sich auf dem Weg in Ihr Zuhause befinden.

Quellenverweise

Die Kraft der Hoffnung
1. E. Stanley Jones, „Growing Spiritually" (Nashville: Abingdon, 1953), S. 313.
2. E. Stanley Jones, „The Divine Yes", mit Eunice Jones Matthews (Nashville: Abingdon, 1975).
3. Laura Hillenbrand, „Unbeugsam: Eine wahre Geschichte von Widerstandskraft und Überlebenskampf", Klett-Cotta (2010).

Die goldenen Jahre
1. „Volltext des Testaments von J. Pierpont Morgan: Testament vom 4. Januar 1913 – Testamentsnachtrag vom 6. Januar 1913 – gestorben am 31. März 1913; Veröffentlichung in der New York Times am 20. April 1913. http://query.nytimes.com/gst/abstract.html?res=FB0813F93A5D13738DDDA90A94DC405B838DF1D3 (Seite aufgerufen am 26. Juni 2011).

Machen Sie Pläne trotz schwindender Kräfte
1. S. Jay Olshansky, Leonard Hayflick und Bruce A. Carnes: „No Truth to the Fountain of Youth", Scientific American, Juni 2002, http://www.scientificamerican.com/article.cfm?id=no-truth-to-the-fountain-of-youth

Machen Sie Ihren Einfluss geltend
1. Carol Morello, „A new generation of caregivers takes control of kids", Washington Post, 10. September 2010, http://www.washingtonpost.com/wp-dyn/content/article/2010/09/09/AR2010090906576.html
2. Meredith Alexander, „Stanford conference invites young people to discuss aging", Stanford News Service, 27. April 2001, http://news.stanford.edu/pr/01/Aging502.html
3. mshurn [pseud.], „Topic: Can you differentiate the old generation from the new generation?" http://www.enotes.com/history/discuss/can-you-differentiate-old-generation-from-new-51515

Starke Wurzeln
1. „Introducing Root Cases", Root Cases LLC, www.rootcases.com
2. Robert J. Morgan: „100 Bible Verses Everyone Should Know by Heart" (Nashville: Broadman & Holman, 2010), S. 42.

Damals und heute
1. Ruth Bell Graham: „Clouds Are the Dust of His Feet" (Wheaton, IL: Crossway Books, 1992), S. 132.